# L'Inconscient de l'islam

Malek Chebel

# L'Inconscient de l'islam

*Réflexions sur l'interdit, la faute et la transgression*

CNRS ÉDITIONS

15, rue Malebranche – 75005 Paris

ISBN : 978-2-271-08586-3

# Introduction

Si la terre d'islam est aussi bien terre de paix (*dar as-salam*) que terre de guerre (*dar al-harb*), elle est avant tout une terre de folie, avec son double visage pulsionnel et spirituel. Une folie à portée d'homme qui masque un dérèglement inconscient que ce livre se propose d'explorer. En effet, j'ai souvent été alerté dans mes travaux liés à l'islam par des détails qui, mis bout à bout, démontrent que la faute et la transgression sont des données cruciales pour une vraie compréhension de l'islam. L'exemple le plus flagrant est celui-ci : la guerre sainte. Menées par les différents califes et sultans, tant abbassides (750-1258) que mameloukes (1250-1517), puis ottomans, à partir du XVI^e^ siècle, jusqu'à la chute du califat en 1923, ces guerres qui devaient islamiser le monde païen n'étaient pas toutes dénuées d'arrière-pensées : il s'agissait avant tout de peupler le harem du souverain de jeunes femmes venues d'ailleurs afin de régénérer le sang de la race. Exit l'idée de l'expansion de l'islam, l'heure était à l'assouvissement d'un désir de puissance et d'un désir sexuel. Il n'est pas question ici de nommer cela « perversion », « crise du moi », « conduite phobique » ou « schizophrénie », mais c'est un fait, seule la première génération de califes, celle d'Umar, d'Uthman et d'Ali ne semble pas avoir eu recours à ce moyen inattendu pour enrichir ses harems. En revanche, la pléthore de souverains qui lui succèdent et plus particulièrement les souverains abbassides, les gouverneurs de province, les corps expéditionnaires au Maghreb et leurs émules dans les Balkans, autant que les corsaires d'Alger, tous ces faiseurs de guerre ont eu recours à des procédés peu avouables. Partant de là, je me suis posé cette question : y a-t-il vraiment eu une « guerre sainte », jusqu'à quelle époque a-t-elle duré et à quelle loi ou à quels référents théologiques se rattachait-elle ? Car au terme du premier siècle de l'Hégire, les buts affichés de la guerre au bénéfice de Dieu, à savoir l'islamisation des tribus païennes (*jihad fi sabil Allah*), sont déjà détournés par les satrapes locaux, les despotes et les chefs de razzias. Les objectifs de la conversion à l'islam, pour vertueux qu'aient pu être naguère ses prédicats, se sont progressivement vidés de leur sens religieux. Aussi le projet spirituel initial s'est-il transformé en un simple festin céleste, avec ses récompenses ici-bas, ses objectifs de nombre et d'amélioration du pedigree de la classe au pouvoir.

À cet égard, le mythe de l'esclave blanche, soumise, lascive et instruite constitue bien un « objet culte » que chaque potentat avait à cœur de posséder. Il prend corps dans *Les Mille et Une Nuits* (IX$^{e}$-X$^{e}$ siècle), avant de revenir de manière, certes confuse, mais récurrente, chez de nombreux observateurs qui le signalent sans le décoder complètement. L'esclave blanche est l'un des segments de compréhension qui nous a jusque-là manqué pour appréhender à sa juste valeur l'ardeur de nombreux guerriers musulmans à vouloir combattre et soumettre l'infidèle byzantin. Car de quelle véritable nature est la guerre sainte à laquelle s'accrochent les djihadistes d'aujourd'hui, adeptes du « mariage temporaire » (*zawaj al-mût'a*), qui sévissent sur tous les fronts ? On s'intéressera ici à l'inacceptable rapt de jeunes filles à peine nubiles ou encore à la prédation honteuse visant à prélever une dîme en nature sur certaines familles pour les besoins sexuels des chefs. Comment comprendre en effet le comportement d'un grand nombre de zaïms militaires qui, sitôt sortis de leur guerre d'indépendance dans le désert irakien, dans les montagnes du Yémen ou dans les djebels d'Algérie, s'octroient des femmes, proies faciles, qu'elles soient jeunes ou moins jeunes et dont le seul tort est d'être désirables ? Cette structure mentale ne relève pas de l'islam, mais de la négation de l'islam, d'un islam de razzia, en partie criminogène, qu'il faut pointer et dénoncer, car il porte atteinte au pacte vertueux des croyants. La femme comme objectif de guerre n'est pas propre à l'islam. Ce phénomène a traversé les époques et les civilisations, et subsiste encore sous la forme de viol (un rapt tout court) ou d'humiliation du vaincu par le vainqueur. Après tout, la guerre de Troie – qui relève évidemment de la légende – n'a-t-elle pas été déclenchée à la suite d'un rapt d'Hélène par le jeune Troyen Pâris aux dépens de Ménélas, roi de Sparte et époux malheureux ?

Cette structure mentale envoie deux signaux contradictoires. D'un côté, elle légitime la guerre profane (la recherche de concubines et d'esclaves, propre de certaines guerres ordinaires, et dont les annales anthropologiques sont fournies). De l'autre, elle délégitime la lutte contre l'athéisme, en principe désintéressée. Pourtant, l'islam est clair depuis le début, la notion de *salam* (paix) – attribut divin, Allah étant décrit comme « dispensateur de salut » (Coran, LIX, 23 [1]) – apparaît dix-huit fois dans le texte sacré et a force de loi. C'est ce qui rend la figure du kamikaze, que j'analyse dans une deuxième partie, au prisme du nihilisme romantique des terroristes exaltés, si dérangeante – car tuer ou mourir au nom d'Allah, c'est encore une fois nier l'islam.

---

1. Toutes les citations du Coran – sauf cas signalés – proviennent de ma traduction du Coran, parue chez Fayard, en 2009.

Dans un troisième temps, j'aborde la question du « ma(n)ternel », un concept que j'ai forgé pour expliquer la violence symbolique qui s'exerce au sein du couple primordial, la mère et l'enfant, caractéristique, selon moi, du dérèglement du moi masculin, et donc d'une partie du schéma parental actuel. À maints égards, l'homme arabe demeure le lieu de projection des désirs de la mère, un lieu rêvé et paradisiaque. Otage ou complice de sa toute-puissance infantile, l'homme tire dans l'enfance des avantages de sécurité qui ne sont pas de son âge. Le manternel se résume ainsi à une double tension : d'un côté, l'insécurité de la mère, et de l'autre, la sécurité excessive, parfois étouffante, de l'enfant – garçon – cherchant inconsciemment à contenir l'oppression maternelle qui en résulte. Il me semble en effet que la personnalité infantile du jeune garçon, né dans un univers musulman, est déterminée en creux par l'insécurité ressentie par la mère. Au seuil de sa vie conjugale, la jeune mère subit la pression d'une belle famille exigeante qui lui impose son idéologie nataliste et masculinophile. Cette angoisse maternelle est à la base du processus du manternel, ou « manternalisation », soit la fusion inconsciente entre un sentiment d'identification, d'une part, et une attitude évoquant la « mante religieuse » – qui mythiquement avale son amant après l'avoir vidé de lui-même, épuisé –, d'autre part. Ce syndrome d'introjection symbolique du nouveau-né masculin par la mère consolide la position de celle-ci au sein de la constellation familiale où elle est nouvellement reçue. L'idée est de vérifier l'impact du réel sur l'inconscient, et inversement.

Pour poursuivre cette exploration de l'inconscient de l'islam, antre de sa folie, je me suis ensuite attaqué à un sujet épineux, l'interdit religieux posé à l'endroit des livres qui critiquent le dogme. Si l'on se réfère à une certaine compréhension de la loi religieuse, aucune place n'est en effet laissée à la nuance, ni au principe d'incertitude. Aussi les critiques sincères ne sont-elles pas plus prises en considération que les philippiques hargneuses et sans fondement. Je me suis posé la question du discernement en matière de tolérance religieuse. Faut-il donc que tous les degrés de l'interdit soient résumés en un seul, radical qui plus est, à savoir la décapitation ?

Enfin, dans un dernier chapitre, il sera question de pureté, de sacrifice et d'immolation. Ces notions se superposent parfois, mais ne relèvent ni des mêmes champs explicatifs, ni de la même doxa. La sémantique requiert ici une interprétation rigoureuse, qui gagne à être enrichie par une double approche anthropologique et psychologique. Car si l'immolation est souvent synonyme de sacrifice, en vue d'une renaissance, d'un renouvellement, est-elle pour autant le symbole de la pureté et de l'orthodoxie ?

La méthode, l'objet et la structure des cinq chapitres de ce livre méritent quelques mots d'explication. Tout d'abord, le titre. *L'Inconscient de l'islam* ne peut être confondu avec un autre « inconscient » possible, celui des musulmans, qui est différent dans le contenu et exige une méthodologie distincte. À titre comparatif, on peut dire que la thématique que nous abordons ici est foncièrement culturelle, dès lors qu'elle relève d'items qui remontent aux racines de l'islam, dans l'Arabie ancienne, tandis que l'objet de la seconde étude, si elle devait se faire, ne peut être que psychologique et ferait appel à des questionnements adéquats comme l'économie du désir, la frustration, la névrose collective ou la sublimation (champ lexical qui relève davantage de la psychologie clinique que de la sociologie des mentalités). La plupart des concepts que j'utilise ici proviennent de disciplines traitant soit de la psyché humaine, soit du comportement collectif, soit des croyances normales. Ainsi s'explique et se justifie l'apport décisif de l'anthropologie, de la sociologie, de la psychanalyse, de la science des religions et de l'éthique.

Aucun modèle obvie dans le monde musulman – les rites, la phobie du sang, le sacrifice, le harem, l'interdit, la réparation, l'immolation, le lien à la mère, etc. – ne peut exister sans son sens caché, qu'il soit islamique ou pré-islamique, deux niveaux souvent dissonants. On peut affirmer en préambule de ce traité que si l'islam a pour sens premier la paix, le non-islam traduit en revanche la furie et la guerre qui, telle une noce païenne de l'âme arabe, accorde une large place à l'atavisme bédouin. Si de fait le bel islam prêche le droit à l'indifférence et à la non-agression mutuelle, « vous avez votre religion et j'ai la mienne » (Coran, CIX, 6), il faut croire que l'homme, lui, est versatile, colérique et impétueux. Le sujet résout la routine en inventant une autre temporalité, celle de la confrontation. Le Coran le dit dans une langue concise, « l'homme est créé d'impatience » (Coran, XXI, 37), un élément contingent dont il faut tenir compte à chaque étape de la démonstration. Ces cinq études transversales devraient contribuer à la connaissance de l'inconscient arabo-berbère et musulman, en décryptant ses codes d'accès, son langage et ses contenus symboliques. L'inconscient dont il est question dépasse le seul cadre de la théorie freudienne. Certes, il englobe les objets sexuels qui organisent la psyché arabe, qu'elle soit latente ou active, introjectée ou projetée, mais il doit aussi être compris au sens de Schopenhauer (1788-1860) dans *Le Monde comme volonté et comme représentation*. « Cohérence de l'incohérence » a dit un philosophe arabe, car dans le choix des cinq études qui suivent, j'ai voulu montrer l'éclatement d'une combinatoire complexe qui se tisse au travers de dualités faussement établies comme la guerre et la paix, la virilité et le virilisme, le permis livresque et l'autodafé, le rite et sa transcendance, le sacré et l'ordinaire. Les questions que suscite cette étude sont aussi importantes que les réponses.

Chapitre 1

# La guerre pour les femmes

Pour comprendre la genèse de la guerre sainte (*jihad*) conçue comme un faux-nez, il me faut revenir à l'organisation élémentaire du harem, avec son code endogène, sa violence symbolique et son mimétisme.

La nature des désirs qui hantent le harem et les différents mécanismes qui se développent autour de cette institution sont des sujets récurrents dans toute une série d'ouvrages de théologie et de jurisprudence arabes, mais pour l'heure aucune règle formelle et transversale n'a été établie ou déduite concrètement. Au harem, appartement exclusif réservé aux femmes – *haram 'alayk* en Turquie et en Arabie, *endourûn* en Iran, *zénanah* en Inde –, s'oppose le sérail – *salam 'alayk* en turc, *birûn* en persan –, là où la rencontre intervient. On appelle *manzara* (terme arabe), le belvédère qui permet aux femmes de regarder sans être vues, bien protégées (de qui ?) par des *moucharabiehs*. Le mot harem n'est entré dans le dictionnaire français que tardivement, soit vers le milieu du XIX^e^ siècle. Si bien que l'on disait indistinctement le sérail, comme dans le titre de l'opéra de Mozart, *L'enlèvement au sérail* (1782), le Grand sérail ou le Vieux sérail, en incluant le harem. Les grands personnages de l'État ottoman étaient même improprement appelés les « Sérails », alors même que ce terme dépasse évidemment le cadre strict du palais ottoman.

Les deux espaces, harem et sérail, sont donc bien distincts, et entre les deux, on trouve plusieurs coursives, des panneaux de séparation, et des *moucharabieh*s, comme au splendide et original Hawa Mahal, « Palais des vents » de Jaipur, au Rajasthan. Chez les plus riches, le harem est même isolé du reste de l'habitat par un jardin ou une fontaine. Il se retrouve dans un pavillon distinct, au bout d'une allée ombragée, derrière un lac ou dans un immense bosquet, tandis que les favorites, elles, disposent de leur propre hôtel particulier. Le harem peut être défini de plusieurs manières :

– la dimension historique : le harem définit un groupe social restreint, historiquement daté et entièrement centré sur l'appartement des femmes.

Cette institution arabe, turque et persane continue, sans l'épuiser, l'idée du gynécée que les Grecs ont développée par le passé.

– la dimension romantique : la règle de vie au sein du harem est à l'avantage de l'homme qui en est le maître dès lors que toutes les femmes lui sont assujetties. Ce qui induit une littérature portant sur la puissance de l'homme en tant que récipiendaire de l'amour des concubines tenues à un respect royal par le biais de leur privation. Beaucoup de califes, de souverains et autres despotes éclairés ont fini par épouser les femmes qu'ils ont élevées à leur couche. Des sultans mamelouks comme Nasir (XIII^e^ siècle), Barsbay (1422-1438) ou Kouchkadam (XV^e^ siècle) ont par exemple épousé des esclaves. D'autres sont nés de concubines affranchies, favorites du sultan. Il semble qu'un écrivain aussi prestigieux que Jahiz, auteur d'épîtres flamboyantes sur l'esclavage, soit né d'une femme serve. La très fameuse Roxelane (v. 1500-1558) fut elle-même esclave avant de devenir l'épouse toute puissante de Soliman Le Magnifique.

– la règle de l'équilibre : le harem oppose au sérail, la partie publique du palais, une forme de joie de vivre liée à l'ironie, au dérisoire ou à l'infiniment petit. Lieu utérin par excellence, précieux, il est aussi le lieu le plus secret, au cœur des négociations les plus ardues du palais. En 1909, par exemple, le sultan ottoman Abdülhamid II négocia le nombre de ses serviteurs et surtout le nombre des concubines qui devaient le suivre dans son exil.

– la règle du désir : la puissance du harem tient à sa vocation, celle du désir et de la consommation sexuelle, supposée débridée de ses occupants. Si l'homme y nourrit une fausse idée de sa puissance sensuelle, la femme y expérimente tous les dérivatifs possibles, dont les « *sex-toys* » et le saphisme. De ce point de vue, le harem fonctionne dans l'inconscient arabe comme une scène primitive idéale, faite de gratifications heureuses qui n'engagent que fantasmatiquement. Car pour le réel, il est des obligations qu'aucun homme ne peut remplir à sa petite échelle, dès lors que l'islam offre des réponses collectives. Lorsque dans son *Dictionnaire des idées reçues*, resté inachevé, Flaubert notait que le Coran était « le livre de Mahomet où il n'était question que de femmes », il touche à une idée essentielle, bien que fausse dans sa formulation. Certes, le Coran évoque régulièrement la femme, mais uniquement pour l'enfermer entre la *faute* et la *transgression*. Ainsi, tombée de Charybde en Scylla, la femme ne peut dépasser ce double écueil qu'en faisant preuve de maîtrise et en respectant scrupuleusement la norme.

– la dimension politique : tout groupement humain acquiert du pouvoir et l'exerce directement ou indirectement par le biais de l'influence de ses organes constitutifs, de ses modèles, et de son propre régime. À ce titre, évoquant le harem traditionnel, Al-Barqûqi parle d'une « République des femmes » (*Dawlat an-Nissa*), sorte de contre-pouvoir subversif et frondeur. Le terme induit ici est celui de la ruse, vue comme une politique du faible ou une pulsion instinctive, censée rappeler que l'âme de la femme est mauvaise.

– la dimension démographique : le harem trouve sa légitimité dans le ratio d'enfants espéré par couple, et partant le nombre d'enfants par clan, par tribu et par fédération de tribus. Cette idée de prolifération a été l'argument récurrent énoncé par certains musulmans en faveur du harem, qui y voyaient, de surcroît, un avantage sérieux pour la constitution des futures armées de fantassins.

– la règle du détournement : le principe du harem est le contournement des idéologies normatives tel que la loi ou la religion, mais aussi l'annulation de toute contrainte excessive. Parler du harem, c'est, par exemple, parler autrement de la polygamie sans la nommer directement, le mot *harîm* en arabe signifiant d'ailleurs aussi bien « l'épouse », « les co-épouses » et *l'arène close* où elles sont reléguées religieusement. Dans *religare*, il y a donc lieu d'inscrire le principe de la *relégation*. Les défenseurs du harem le savent pertinemment, le mariage de la femme libre étant plus contraignant au vu des règles de droit que celui de la femme razziée, l'esclave, la femme déjà asservie. Pour éviter les règles communes qui imposent des conditions au divorce ou à la répudiation, les braconniers des femmes jettent leur dévolu sur cette seconde catégorie d'épouses. Précisément, il suffisait naguère que le mari dise trois fois en direction de son épouse, « tu es répudiée, tu es répudiée, tu es répudiée », pour que celle-ci se voie mise à la porte séance tenante. Mais l'esclave est répudiée à la deuxième injonction : « Tu es répudiée, tu es répudiée ». Cela suffit et bien moins encore !

Au temps du *jihad* classique, et notamment sous l'ordre des califes Umar et Uthman, la règle du quint (*khûms*), qui fait suite à la pratique de Mohammed lui-même (cf. M. Gaudefroy-Demombynes, *Mahomet*, p. 515-547), organise la distribution des prises de guerre, aussi bien les dotations foncières, les récoltes, les troupeaux, les propriétés que les captives elles-mêmes. Tous les soldats sont récompensés pour leur engagement concret, leur enrôlement volontaire, certains d'entre eux étant spécialement distingués pour leur bravoure et leur témérité. Plusieurs batailles du début de l'islam apportent leur lot de *'awani* (sing. *'aniya*), captives de guerre. D'autres termes sont également employés, ils désignent les divers statuts des captives de guerre : *ghanima*, *jariya*, *qayna*, *saraya*, *'ahira*, ce dernier vocable signifiant « prostituée ». Certaines d'entre elles deviennent des *hababa*, des favorites. Selon le droit ancien, le cinquième de ces prises de guerre allait au Prophète, puis au calife légitime, et enfin au gouverneur de la province. La grande partie devait mécaniquement tomber dans l'escarcelle du trésor public, selon ce qui est dit dans le Coran et de là aux proches désargentés, aux orphelins, aux miséreux et aux gens de la route (*ahl as-sabil*) : « ce que Dieu attribua comme prise de guerre à Son Envoyé... cela revient à Dieu, à l'Envoyé, à la parentèle, aux orphelins, aux indigents, aux fils du chemin » (Coran, LIX, 7, trad. J. Berque). Plus tard, et en cas de victoire, des fiefs sont accordés aux grands chefs militaires et aux soldats qui ont montré de la bravoure durant la bataille. Notons que sur les douze femmes qui composèrent le harem du Prophète après la mort de Khadidja, sa première épouse, avec laquelle Mohammed est demeuré monogame, la doxa rappelle sans crainte (El-Bokhari, 810-870), que six femmes au moins ont rejoint sa demeure pour des considérations « sociorelligieuses ». Il s'agit de Juwayra (captive de guerre), Umm Habibah (veuve de Ubayda, musulman converti au christianisme en Ethiopie), Mariya (une esclave copte envoyée par le roi Mauqawqis), Safiyah bint Huayi (captive de guerre), Rayhana (rançon de la tribu des Bani Nadir) et Maymûna (qui s'est donnée elle-même au Prophète dans des circonstances peu claires). À la fin de sa vie, le Prophète est « redevenu » tétragamique – ce qui est la règle admise –, ne visitant plus que Aïcha, Umm Salama, Hafça et Zaynab. Dès lors, l'esprit polygamique fut considéré comme légal et est même recommandé par les défenseurs actuels du harem et de la polygamie. « Après tout, le Beau Modèle n'a-t-il pas été polygame », disent-ils, avec assurance. Il faut dire que le nombre de co-épouses, comme le nombre de chevaux de race dans un hara, est encore, dans certaines contrées où l'on est loin de considérer la femme comme un roseau pensant, un signe extérieur de richesse. Si bien qu'une étude globale d'hématologie montrerait sûrement que les croisements ont été spectaculaires dans toute la région qui s'étend de la Turquie ottomane – l'un des foyers de sélection des concubines – à la Syrie, au Liban, en Jordanie et en Égypte, et même au Maroc, en Algérie et en Tunisie. Il en est de même pour l'Asie musulmane, en raison de l'union des sultans moghols avec les femmes rajpoutes. Et quand un chef de tribu consentit à accompagner le Prophète jusqu'à Taïef, n'est-ce pas pour obtenir « une prisonnière destinée à lui donner des enfants » (cf. H. Lammens, *Le Berceau de l'islam*, p. 291), plutôt que « pour soutenir la cause d'Allah » ? Aujourd'hui encore, au détour d'une vallée du Panshir, on tombe sur des jeunes filles aux yeux bleus et l'on se demande par quel chemin ces femmes se retrouvent dans ces vallées encastrées, sinon par le flux et le reflux des guerres saintes de l'islam. Parfois, on ne connaît pas l'origine exacte des enfants, certains sont fils de concubines, d'autres sont affranchis avec la mère esclave. Alors même que cette pratique est totalement en rupture avec l'humanisme musulman, l'esclavage s'est développé aux XVI$^{e}$, XVII$^{e}$ et XVIII$^{e}$ siècles, et persiste encore dans les Pays du Golfe, dans l'Afrique subsaharienne et plus particulièrement en Mauritanie. On appelle l'esclave *akhida* (la « prise » de guerre) ou *nazi'a*, mot d'arabe classique désignant une personne dont la mère est une étrangère, « arrachée » d'une autre tribu. Tout récemment, des maquis d'islamistes ont réinventé le « mariage de jouissance » (*zawaj al-mût'a*), une sorte de servitude sexuelle, à l'origine shiite, qui consiste à épouser temporairement des captives de guerre (ou des femmes ordinaires) et à les répudier après que le pseudo-mariage a été consommé. Ancien en Iran et dans les pays limitrophes, cet usage est considéré comme hérétique chez les sunnites, mais certains combattants radicaux l'ont adopté au nom du sacro-saint repos du guerrier. Ce fut le cas en Algérie, au cours de la décennie noire des années 1990, et d'une manière plus confuse dans quelques groupes djihadistes actuels.

La constellation des désirs et des contre-désirs des principaux protagonistes, l'attente des uns, la révolte vite étouffée des autres et fatalement la perversion de rapports contraints qui obère le bonheur et la liberté de toute personne vivant dans une telle claustration, sont d'une complexité inouïe. Tabari (839-923), le grand historien musulman, donne des détails effarants concernant le harem de Harûn Rashid (vers 763-809), cinquième calife abbasside de Bagdad. Selon l'historien, la famille des Barmékides, puissants persans conseillers du calife et qui, à ce titre, fit trembler les émirs et les gouverneurs de province, a connu une soudaine disgrâce pour une raison directement liée aux femmes du harem. Harûn Rashid aimait par-dessus tout sa sœur Abbasa, qui elle, aimait secrètement Jaafar, premier vizir et commensal attitré de Harûn Rashid, rejeton notoire de la famille des Barmékides. Après les avoir mariés, le calife demanda à Jaafar, son ministre, de ne jamais approcher physiquement Abbasa en sa présence, et cela tout le temps qu'il n'aura pas donné clairement son blanc-seing. Au fur et à mesure de leur fréquentation dans le palais, les deux tourtereaux succombèrent discrètement l'un à l'autre et tout à fait légitimement aux yeux de la loi coranique. Peu de temps après, le tout-puissant calife apprit qu'un bel enfant était né de leur union. Sur un coup de sang, Harûn Rashid voulut la tête de son grand vizir Jaafar. Il l'obtint le premier jour du mois de çafar, an 187 de l'Hégire. La nouvelle se répandit vite : « On disait, note Tabari, que s'il n'eût pas été question de sa sœur, tout ce qu'il aurait fait eût paru légitime, tandis que maintenant il s'est déshonoré par son procédé (...). Et lorsqu'on parlera du sort terrible des Barmékides et que l'on demandera la cause, on dira que c'était l'aventure d'Abbasa, sœur de Harûn Rashid » (in *Chronique traditionnelle,* vol. 5/6, p. 403). La sexualité des femmes est donc encadrée, contrôlée et imposée, qu'elle soit le fait de femmes libres, de concubines, de captives de guerre ou de femmes de mauvaise vie, de femmes-utérus, voire de succubes.

Lorsque l'on enferme les femmes, concubines et même les sœurs, pour protéger la pureté de la lignée, quelle valeur peut-on donner à leur opinion, leur consentement ? L'islam impose que le consentement de l'épouse, même mineure, soit explicitement formulé et devant témoins, sans quoi, il ne peut y avoir d'union maritale. Mais pour les esclaves, concubines et femmes kidnappées au cours des batailles gagnées sur les impies, il n'existe pas de système codifié, tout comme d'ailleurs pour les recrues masculines, les *devshirmé*, et que l'on connaît sous le nom de janissaires (du terme turc *yeni sheri*, « jeunes recrues » ou « nouvelle armée »). Autour de ces deux notions clés, le consentement et la contrainte, la liberté et la mort de la liberté, la culture de survie pousse aux intrigues et machinations, qui sont le propre même des harems pléthoriques. L'entité spatio-temporelle du harem a résisté aux soubresauts du temps, puisqu'elle perdure aujourd'hui encore et non pas seulement dans les faits – je mets de côté l'inclinaison pathologique de certains prédateurs isolés pour les jeunes filles nubiles –, mais aussi dans les mentalités. Depuis toujours, les relations non écrites entre hommes et femmes ont gouverné le fonctionnement du harem en lui donnant une structure plus informelle et donc plus souple que celle du diwan, sans être moins performante, et une architecture verticale qui comble le souhait de visibilité manifesté par l'homme. Cette loi du harem se substitue pleinement au gouvernement visible, tandis que l'organigramme officiel est souvent travaillé par un contre-pouvoir invisible et souterrain, totalement occulté ou minoré par les autorités elles-mêmes, mais dont l'efficacité politique n'a jamais été démentie. Les liens qui articulent les différents niveaux du harem, sa logique contradictoire, la part d'inconscient qui le travaille et finalement le régime des passions dont il est le théâtre sont analysés ici de manière diachronique, car si ces lieux sont distincts les uns des autres par leur taille ou par leur architecture, ils sont identiques quant à leur finalité et au procédé de mise en servitude. Le harem n'existe que parce qu'il y a relégation dans un gynécée de femmes en surnombre par rapport aux partenaires mâles et parce qu'elles sont mises à la disposition d'un seul potentat qui les enferme et en jouit quasiment selon son bon vouloir. À la fin du XVIIe siècle, un voyageur français, Jean de La Roque, attiré par le commerce du café, est envoyé à Moka, au Yémen, où il séjourne suffisamment longtemps pour pénétrer les mœurs de l'un des pays les plus fermés, et qui pratique alors ouvertement l'extrême polygamie. Voici ce qu'il consigne dans son récit paru au début du XVIIIe siècle : « Une autre marque de grandeur et de magnificence royale chez ce Prince, qui lui est connue avec tous les princes de l'Orient, c'est le grand nombre de femmes qu'il entretient à la cour et qu'on fait monter à six ou sept cents. Leur sérail particulier est dans le château de Mouab. Ces femmes sont de diverses nations et l'on assure qu'il y a surtout des Géorgiennes d'une grande beauté et des femmes arabes même, qui sont très blanches » (in *Voyage de l'Arabie heureuse,* p. 218). Conséquemment, la jalousie des femmes entre elles, leur rivalité, mais aussi la trahison, l'envie de meurtre, le passage à l'acte, l'esseulement et l'hystérie sont autant de symptômes qui rappellent que le phénomène n'est pas naturel, mais culturel et surtout idéologique. Combien de régicides et d'assassinats non résolus ont été fomentés par des co-épouses ou des concubines jalouses ? L'histoire rapporte en particulier la mort par empoisonnement du terrible calife Al-Hakam, en 785, qui eut le malheur de boire à un vase envoyé par une jeune esclave à une rivale (in Tabari, *Chronique traditionnelle*, vol. 5/6, p. 380). Il y a donc lieu de penser le harem comme un lieu de résistance à l'annihilation de la personnalité individuelle.

La plupart des auteurs européens qui ont visité l'Orient ou écrit des opuscules plus ou moins enflammés (souvent indignés) sur le côté coercitif du harem, ont cherché à confronter leurs idées à la réalité. Il en est ainsi d'Eschyle, de Sismondi, de Baudier, de Florian, de Tavernier, de Chardin, de l'Abbé Bergier, de Montesquieu, de Nerval, de Loti et de tant d'autres. Ils ont façonné l'image de l'Orient en la projetant sur grand écran. Après quoi, ils ont soumis l'Orient réel à cet Orient imaginaire, faisant du calque une norme dont ils ont jugé la conformité avec l'original. Ainsi, après l'indépendance de l'Algérie, il était devenu possible à une femme d'Alger de dire à une voisine moins nantie que la robe qu'elle mettait n'était pas conforme au vêtement national, sous prétexte que son habit d'intérieur ne correspondait pas à celui que *Femmes d'Alger dans leur appartement*, le tableau de Delacroix, présentait comme modèle. Le plus truculent, c'est que le tableau en question fut peint par esquisses successives en Algérie, au Maroc et en Espagne, ce qui explique en partie son

« modernisme exotique », terme par lequel les critiques d'alors le qualifièrent au moment où le Louvre l'exposait dès 1834, quatre années seulement après les débuts de la conquête de l'Algérie. Ces imaginaires superposés constituent un étrange ballet, dont les différentes versions chorégraphiées nous donnent à voir leurs caractères édulcorés, et nous font entendre leurs soupirs éplorés. Pour tous ces voyageurs téméraires, ces religieux en quête de confirmation et ces écrivains, le sérail était le cœur vibrant de la cité, le centre nerveux de la puissance masculine, le lieu où la quintessence orientale devenait un élixir divin.

Au XVII^e siècle, Du Vignau, qui fut pendant neuf ans secrétaire de l'ambassadeur français auprès de la Sublime Porte, s'est fait fort de démontrer que les murs du sérail n'étaient pas étanches, mais poreux. Et que l'on pouvait aisément déclarer sa passion pour une femme du harem le plus surveillé au moyen « de fleurs, de fruits, de bois, d'aromates, de soies, d'or, d'argent, de couleurs, d'étoffes et de presque toutes choses qui servent au commerce de la vie », car tous ces éléments « entrent chez les Turcs (dans l'ordre) de l'Amour » (in *Le Secrétaire turc*, p. 6). À croire que derrière ces gardiens tout dévoués, il y a des hommes hantés par le désir qui, eux aussi, éprouvent des besoins, les expriment sans ambages et tentent de les satisfaire. Comme si nous avions d'un côté, l'ordre social et ses rigueurs, sa discipline ; et de l'autre, des hommes et des femmes, des individus, donc, en phase avec leur vérité historique, leur désir, leur passion et la recherche exsangue ou fiévreuse de leur accomplissement. Tradition et modernité : ces « hommes du harem » ont montré leurs dispositions naturelles et leurs faiblesses à l'égard des femmes, de même que la nécessité pour eux d'exister aux dépens de la soumission de celles-ci, sinon en assujettissant les femmes (esclavage domestique), du moins en en multipliant le nombre (tétragamie et plus). De leur côté, en l'absence d'amour, les femmes du harem utilisent à leur profit cette vanité masculine et l'exploitent dans leur intérêt commun. Car aucune femme n'est soumise à un homme sans qu'elle soit d'une manière ou d'une autre sa conscience morale, son justicier, parfois même son bourreau. Au XVI^e^ siècle, Roxelane n'a-t-elle pas réussi à supprimer certains proches de Soliman le Magnifique pour asseoir son pouvoir propre, et notamment son fils aîné, qui était le dauphin, et son grand vizir Ibrahim Pacha ? Au XVIII^e^ siècle, l'Abbé Raynal écrit à ce propos, sans remarquer l'ambivalence totale du harem : « Si la magnificence et les commodités pouvaient remplacer l'amour, les harems auraient été les demeures les plus délicieuses » (in *Histoire philosophique*, IV, p. 6). On comprend que dans bien des cas, le maître du harem est l'otage de négociations qui ont lieu à son insu, et dont il ne peut se défaire. Au XIXe siècle, le Français Paul Ravaisse, qui fut enseignant à l'École des Langues orientales, note que la femme arabe, maîtresse absolue du harem – comme l'homme l'est du sérail –, en a autant l'administration que le gouvernement, et y fait tout ce qu'elle veut : « elle y mange, boit, dort, fume, rêve, reçoit ses amies, bavarde, joue, se dispute, intrigue, se baigne, se parfume, se mire et s'admire, s'habille et se déshabille, fait danser et chanter ses esclaves, se fait réciter des contes sans fin, prie quelquefois, lit moins encore, quand elle sait lire, se souvient de son mari, entre temps vaque à l'éducation de ses enfants, elle peut faire tout ce qu'elle veut, hormis recevoir des hommes autres que ses plus proches parents » (in *La Grande encyclopédie du XIXe siècle*, vol. 19, p. 850). L'usage que les femmes font de leur corps, la manière même de le préparer, de le farder, de le costumer (de le masquer ?) et de l'« offrir », ne doit rien au hasard. Cet art, quasi guerrier, suffit pour désigner le harem comme un champ de pouvoir et de contre-pouvoir, un lieu de soumission feinte dans une arène de combat mortel. Grâce à leurs artifices, les femmes du harem poussent leur influence personnelle aussi loin qu'elles le peuvent.

Le harem est structuré comme une société privée et répressive, avec ses règles de conditionnement et d'allégeance, qui ne sont ni la raison, ni la transparence, ni la puissance. C'est une féodalité exemplaire avec ses côtés obscurs, transgressifs, cyniques et anti-démocratiques. Les îlots de liberté que les femmes sont parfois parvenues à ménager, courants au temps de la Jahilia, le pré-islam païen, sont devenus anachroniques au fur et à mesure de l'installation du patriarcat musulman. Un combat feutré a opposé le désir d'affranchissement de la femme à la volonté contraire des potentats qui, non seulement, ont toujours voulu la soumettre à leur bon vouloir sexuel, mais aussi annuler ses velléités d'émancipation. Telle est la portée du désir inconscient, une dynamique reliant l'objet source à sa topique consciente, autrement dit une combinaison de facteurs plus ou moins antagonistes, mais que cet antagonisme fédère – comme Eros et Thanatos. En voici un exemple : la course à l'enfant sauveur par lequel le harem se fait, se défait et réagit, n'est au fond qu'une résultante de l'enfermement des femmes, son bénéfice secondaire. L'enfant devient alibi, et est au cœur de la lutte acharnée que les femmes se livrent entre elles pour gravir les échelons du harem. D'où les infanticides royaux, une machine criminelle dont l'objectif est d'instaurer un « eugénisme politique », perpétuant ainsi le « despotisme oriental » de Wittfogel sous un autre plan que seulement le mode de production asiatique, le *despotès* antique étant le possesseur d'esclaves. La hantise de la *Walidé*, mère omnipotente du sultan régnant, dont l'un des attributs est de surveiller le fonctionnement du harem de son fils, est la naissance non désirée. Aussi, face à des concubines ambitieuses prêtes à ourdir leurs manœuvres dans le silence des palais impériaux, la *Walidé* se veut-elle intransigeante. Même les épouses doivent être surveillées, car elles sont capables de tisser les fils d'une machination sexuelle, et de se lancer dans des jeux d'influence complexes.

C'est là que réside la grande tragédie du harem : le destin de l'enfant mâle indésiré est parfois scellé dès sa naissance, à moins que l'avortement n'ait eu lieu avant. La fille de rang princier, elle, est orientée directement vers une nourrice qui s'en occupe et l'élève selon les règles établies au sein du harem, mais à l'abri de la rivalité des prétendantes. La précocité des mariages de jeunes filles s'explique en partie par l'angoisse de les voir engrossées en dehors des règles du clan. À sa maturité, vers quinze ou seize ans, la jeune fille est mariée à un cousin éloigné, un homme de la garde royale, parfois un prince de sang, mais de telle façon que son hérédité n'interfère en rien sur la lignée directe des successions. Si le destin des jeunes filles vierges est donc affecté par la politique, celui des petits garçons qui ne seraient pas fils du sultan ou du calife, mais qui pourraient remplacer l'héritier direct ou lui porter ombrage, sont égorgés ou jetés dans des oubliettes, surtout si la couche dont ils sont issus jouit d'une certaine légitimité : « Ce fils aîné du dernier Sultan (Mahomet III) fit mettre à mort tous ses frères, au nombre de dix-neuf, ainsi que les femmes de son père, qu'il supposa pouvoir être enceintes » (in William Eton, *Tableau historique de l'Empire ottoman,* vol. 1, p. 189). Eton pense que Mahomet II, le prédécesseur, n'était pas moins cruel et qu'il était même « le plus détestable monstre que le trône des Ottomans ait porté ». N'a-t-il pas débuté « son règne infâme » par le meurtre de ses deux frères ? Du reste, comme à l'époque du Pharaon qui craignait Moïse pour son règne à venir, toutes les naissances masculines susceptibles de mettre en péril les règnes de Bajazet II, Sélim I et Amurat III étaient sacrifiées, car la sécurité de la couronne l'exigeait. Le cynisme des lois despotiques est sans fin. Aussi, par précaution, cette éradication devait concerner les demi-sangs et les bâtards. Une phrase du Baron de Tott, tirée de ses *Mémoires* (1784), et mise en exergue par l'Abbé Bergier dans son *Dictionnaire de théologie* – un ouvrage peu amène avec l'islam –, met l'accent sur ce dérèglement : « Les frères du Sultan sont enfermés dans le sérail, et on leur donne des femmes ; mais s'ils ont des enfants, on les détruit. Ses filles et ses sœurs sont mariées aux Vizirs et aux Grands de l'Empire ; mais si elles mettent au monde un enfant mâle, il doit être étouffé en naissant ; c'est la loi la plus publique et la moins enfreinte... ». L'une des techniques les plus expéditives reste l'avortement pur et simple de la co-épouse rivale, essentiellement la concubine. Chaque femme du harem connaît par avance son avancement dans le système du sérail si elle arrive à mettre au monde un enfant mâle, mais rares sont celles qui parviennent à cacher leur grossesse jusqu'à l'accouchement. En islam, et selon la plupart des doctrines locales, l'avortement (*isqât al-haml*, *ijhadh*) est interdit à partir du 120$^{e}$ jour, ce qui correspond aux yeux des musulmans à une période qui précède la morphogénèse. En deçà, il est permis de faire avorter la femme, en revendiquant cependant quelques règles d'usage, la plus courante étant la santé de la mère et la recommandation du médecin. Au-delà de cette période, l'avortement est non seulement mal vu, mais catégoriquement refusé. Or, le crime d'avortement est pratiqué sans façon sur la concubine plusieurs semaines après la date limite. Il y avait même, dans l'ancien temps, une femme préposée à cette basse besogne, une avorteuse officielle, au nom terrifiant, la *sage-femme sanglante*.

Pour qu'il y ait harem, il faut donc une architecture spécifique, un réseau de liens familiaux et une structure juridique qui lui donne du sens et qui l'installe au cœur d'une culture religieuse plus large, mais aussi un volet privatif, de droit restreint, opaque et soustrait à toute juridiction publique. Ce volet ne s'applique pas aux dérèglements qui peuvent exister au sein d'un couple, entre époux, à supposer que la valeur de ceux-ci soit égale (un époux = une épouse, ce qui n'est pas le propre de la polygamie), mais son acceptation introduit une part d'arbitraire à l'avantage de l'époux et au détriment de l'épouse. Dans ce lieu de relégation où les déplacements sont contrôlés, s'opère un régime fractionné et asymétrique des désirs, alors érigé en règle. Cette organisation provoque une sorte d'angoisse chez celles qui, vivant entre quatre murs, même ajourés de stucs flamboyants, cherchent malgré cela ou à cause de cela à franchir hardiment le Rubicon – ce qui est, aux yeux des cerbères stipendiés, une aberration aussi flagrante que compulsionnelle, un crime de lèse-majesté. À cette pathologie sociale, un seul et même remède est exigé par l'instance de régulation, la réclusion de l'aliénée dans les entrailles du harem, loin des regards extérieurs. On peut même dire que le meilleur gardien du harem n'est pas l'eunuque, mais l'image que le harem se fait de lui-même, son fixisme, ses peurs et ses inhibitions. Cimetière des libertés individuelles et geôle de tant de jeunes femmes en herbe, le véritable harem est loin de l'image qu'ont pu en donner les contes de fées.

En islam, les guerres saintes n'ont donc pas toujours été menées pour imposer la charia, mais pour l'enlèvement des Sabines étrangères. En effet, selon les règles antiques de la guerre, les musulmanes libres étaient placées sous la loi du clan, et à ce titre, ne pouvaient être kidnappées au risque d'entraîner une avalanche interminable de razzias et de contre-razzias. Ces règles empêchaient que les femmes du clan, dès lors qu'elles étaient libres et non asservies, puissent faire l'objet de troc, ce qui était aux yeux d'un homme arabe de nature à le couvrir de honte (cf. Ibn Hicham, *Sira*, 969, 5). Les sujets du Grand Seigneur, hommes et femmes, ne pouvaient être mis en servitude au palais et encore moins vendus aux enchères dans un souk. Au XVII^e^ siècle, Du Vignau affirme que les filles cloîtrées doivent être prises dans les pays ennemis des Ottomans (in *Secrétaire turc*, 1688, p. 214), ce qui exclut le rapt des Grecques et des Arméniennes, elles-mêmes sujets du Grand Seigneur. Bien souvent donc, les souverains musulmans, certains roitelets de province, des gouverneurs peu scrupuleux, n'avaient aucune raison apparente de partir en guerre, mener telle croisade hasardeuse plutôt que telle autre, émettre des fatwas à caractère belliqueux, y compris à l'encontre de leurs coreligionnaires, sinon la tentation d'alimenter leur harem et d'avoir plus de co-épouses que le rival. C'est là la raison pour laquelle un souverain adouci par le faste et la sécurité, mentalement sclérosé, pouvait se lancer dans des batailles risquées. Ainsi, certains souverains, essentiellement turcs, mais aussi mongols – ils seraient bien plus performants que leurs homologues du Bosphore, si l'on en croit Marco Polo qui séjourna à la cour de Kubilaï Khan –, sortent promptement de leur léthargie pour aller aux confins de l'empire prélever de nouvelles captives, censées peupler et rajeunir leurs harems. Derrière les pseudo-fatwas que les imams complaisants sont prêts à fournir à la demande, les véritables motifs se réduisent parfois à des questions sexuelles. Ou de confort comme ce fut le cas pour Sélim II, dit l'« ivrogne », fils de Roxelane et Soliman le Magnifique, qui éprouva le besoin de conquérir Chypre pour son bon vin ! Mais cette explication serait fausse si nous la réservions uniquement au seul plaisir du souverain, qui est incontestable. En réalité, le rapt de belles Circassiennes (dans les faits ce sont aussi des Tcherkesses, des Moldaves, des Bulgares, etc.) permettait, d'une part, de goûter par anticipation le plaisir insigne de se retrouver au paradis, au beau milieu d'un cortège de houris, ces femmes célestes que l'on dit éternellement disponibles pour les élus (Cf. Coran, versets II, 25 ; III, 15 ; IV, 57, et M. Chebel, *Dictionnaire encyclopédique du Coran*, p. 223). Et d'autre part, d'enrayer le dépeuplement des familles régnantes, souvent frappées de plein fouet par un appauvrissement biologique de la descendance. La guerre sainte reconduit ainsi la pratique bédouine ancestrale consistant à se pourvoir du maximum de captives de guerre pour des impératifs de gloriole clanique et pour renforcer l'exogamie des tribus. Une sorte d'échange de femmes par temps de guerre, un métissage forcé, hors du champ des conventions formelles. À bien des égards, le mythe des Circassiennes ou des Géorgiennes, belles, passives et parfaitement soumises, se situe à l'opposé de celui des Amazones, ces femmes guerrières que la mythologie grecque avait situées dans la région du Pont, et dont l'obsession était de peupler leur île déserte en chassant les mâles qui devaient les féconder. Les femmes captives situées en terre ennemie, les *ghanima*, païennes sans religion connue (ou à peine converties), tombent naturellement dans l'escarcelle des vainqueurs au nom de la loi du *ghazw* en islam, et incarnent les pions du jeu d'échecs que se livrent les grandes dynasties musulmanes. Abul-Faraj al-Isfahani (897-967) a rédigé un opuscule dans lequel il consacre des pages entières à la vie et aux tourments sentimentaux des concubines durant les trois premiers siècles de l'islam. Il arrive d'ailleurs que nous lisions dans tel ou tel traité de jurisprudence que le Prophète, ou un autre personnage important de la hiérarchie religieuse, a reçu « en cadeau » une jeune concubine, et qu'elle relève de la prise de guerre ou du potlatch ordinaire. Le recours à la concubine est d'abord une solution de repli en cas de stérilité de l'épouse. À son corps défendant, la concubine participe de la fertilisation de la cité politique, au sens où elle est un utérus fécondable à volonté, et très opportunément propice à l'empreinte politique ou militaire du mâle. Pour constituer un réservoir d'étrangères du Nord ou du Sud, souvent des Nubiennes, et finalement des captives de guerre soumises et asservies, les souverains musulmans des temps classiques ont franchi les limites de la guerre sainte telles qu'elles étaient prescrites par le Coran et la loi religieuse de l'immédiat après-islam. Arrivée dans les pays musulmans, Turquie ottomane, Égypte khédivale, Syrie, Liban, Jordanie, Irak, et même Tunisie beylicale, la captive devient un atout pour le maître qui la possède. La sexualité est-elle un ordre supérieur à celui de la guerre ? En tout état de cause, les domestiques sexuels qui ornent le harem sont l'un des signes d'appauvrissement du califat. Le plaisir sans fin prend la place du devoir religieux et même du moindre effort physique, car les domestiques mâles (*al-'abid*) sont là pour y pourvoir. On peut se demander si le succès des *Mille et Une Nuits* (Xe siècle), ne tient pas principalement à cette dimension éruptive de la femme étrangère fécondant un harem moribond. Si tel est le cas, cela expliquerait pourquoi la concubine que le monarque emploie pour sa distraction n'est jamais questionnée pour elle-même mais seulement pour son aspect physique ! « Comme la valeur des esclaves, note Jahiz (777-870), ne peut être déterminée ni par le mesurage, ni par le pesage, ni par le comptage ni par l'arpentage, elle se reconnaît au degré de beauté, lequel ne saurait être fixé que par un regard expert, un œil exercé et l'expérience du métier » (in *Les esclaves chanteuses de Gahiz*, p. 135).

Ce réceptacle d'esclaves un peu hétéroclite des bords du Tigre, de l'Euphrate et du Nil voit aussi apparaître, au cours des siècles, des figures associées comme la matrone, la masseuse, la coiffeuse, la musicienne, la danseuse, la chanteuse et la magicienne. La société de cour avait des fantaisies qui passaient pour de la générosité. Intrigués ou fascinés, beaucoup d'Occidentaux ont magnifié l'Orient, en particulier son farniente, sa sexualité et ses intrigues galantes. Souvent, dans des ouvrages du début du XX^e^ siècle, en particulier ceux des femmes, le lien de servitude de l'esclave douce et mélancolique à l'égard de la sultane, ou de la reine-mère, est vu comme un humanisme somme toute acceptable au regard de la misère des masses et des épidémies qui les accablent. N'est-ce pas là, dans ces palais du Bosphore, du Caire, d'Ispahan ou de Fès, que survit tout le passé mythique de l'Orient, avec ses odalisques posées comme des amphores au bord des bains, ses divans, ses confiseries, ses chibouques, ses bijoux massifs et ses vêtements soyeux ? Même la lumière provenant de l'extérieur, et estompée par un moucharabieh, paraît plus fine et plus énigmatique. Tout est luxe, calme et volupté : le harem ne gêne pas, fascine et attire plus qu'il ne rebute. Du reste, l'une des images fixes liée à l'érotisation de l'Orient procède directement de ces tableaux assez coquins, à défaut d'être sensuels, que les voyageurs et les écrivains occidentaux ont fixés dans leurs écrits au temps où le voyage en Orient était un must. Déjà au début du XVII$^{e}$ siècle, Ottoviano Bon (1552-1623), ambassadeur de la République de Venise auprès de la Sublime Porte, décrivait par le menu le sérail du Sultan d'Istanbul qu'il fréquenta assidûment de 1604 à 1607. Il est sans doute le premier à l'avoir approché de si près, plus d'un siècle avant l'Anglaise Mary Lady Montagu qui, au XVIII$^{e}$ siècle, magnifia le harem au point d'attirer sur elles les quolibets des sceptiques – ses *Letters and Works* (1887) ont d'ailleurs été traduites en français sous le titre *L'islam au péril des femmes*. Pierre Loti, au XIX$^{e}$ siècle, décrit le « Vieux-Sérail » comme le lieu le plus exquis de Constantinople, relevant d'un « monde de rêves » (cf. « Une visite au sultan » in *Les Annales politiques et littéraires*, 25 avril 1897, p. 267). Le stupre, il faut donc le chercher dans le regard incandescent de l'Occidental de passage. Ainsi, A.-D. Rebreyend pouvait s'exclamer dans un petit ouvrage cathartique : « Le Harem ! À ce seul mot, l'Européen monogame entrevoit un paradis sensuel, une luxure à jet continu, le summum des voluptés » (in *Les Amours marocaines* 1919, p. 79).

De fait, un certain nombre d'étrangers sont admis au harem et cela pour différentes raisons objectives ou de circonstance. Certaines règles y sont néanmoins observées. Le musicien doit être aveugle, tandis que le nain, l'eunuque et le muet, « immunisés » par leur handicap physique, sont inaptes à rivaliser avec le maître de céans : « un certain nombre de muets et de nains étaient attachés au sérail », note Clément Huart (1854-1926). Le chef des muets se tient à la porte du cabinet du souverain quand celui-ci est en conférence avec le grand vizir ou le cheikh. Il se sert pour se faire entendre de gestes convenus, et ce langage est compris de tous ceux qui « nés dans le sérail, en connaissent les détours » (in *La Grande Encyclopédie du XIX*^e^ *siècle*, vol. 29, p. 1034). William Lemprière, médecin admis dans le harem de Sidi Mohammed, roi du Maroc en 1789, qui compte pas moins de cent soixante femmes, « sans compter toutes les esclaves qui servent les sultanes », est anglais, donc étranger (cf. *Voyage dans l'Empire de Maroc et au Royaume de Fez. Un médecin anglais pénètre dans le harem*) : il est donc « inapte » à séduire les femmes du palais, non pas parce qu'il n'est pas beau – il l'est souvent, ne serait-ce que par son métier –, mais le harem, en structure despotique intériorisée, rejette comme non intégrable, et rend impotente toute personne issue d'une culture allogène.

Pour assister à telle ou telle bénédiction religieuse donnée par l'imam, lors de fiançailles par exemple, ou à l'occasion d'une circoncision, les femmes sont parquées derrière une ou plusieurs claustra. Il leur est demandé de ne faire aucun bruit et de ne pas s'asperger de parfums capiteux, considérés comme deux artifices du diable. Le Prophète ne disait-il pas (on lui a fait dire tout et son contraire, et c'est ici sûrement le cas) qu'une femme ne devait pas frapper le sol dans le but d'attirer l'attention sur elle grâce à ses bracelets de bras et de jambes, car tous ces objets sont réservés au seul mari ? (Rapporté par El-Bokhari dans ses *Traditions islamiques*). Aussi le harem a-t-il été, à diverses époques, le lieu où les femmes étaient éduquées à occuper une place précise dans la constellation familiale, et à n'en sortir qu'au risque de leur vie. En effet, la culture patriarcale assigne à chaque sexe les tâches, les activités et les attitudes qui concourent à la bonne gouvernance du sérail. Le harem reproduit à minima l'ensemble des tensions et des libérations qui agitent le corps social. La dichotomie des vertus s'y déploie, ainsi que le contrôle obsessionnel de la chasteté féminine. Le harem a-t-il jamais été chaste ? Peut-être pas, car le principe est toujours le même : grâce à des complicités bien établies, la femme du harem qui ne peut quitter son espace confiné sans risquer sa vie, s'arrange pour laisser entrer son amant. Or, les bruits les plus contradictoires laissent entendre que certains harems et pas seulement celui des époux Shahriyar et Shahzaman des *Mille et Une Nuits*, pouvaient devenir de vrais lupanars. « Un des faits qui étonne davantage quand on vit au milieu d'eux, affirme le Comte de Gobineau, c'est de s'apercevoir que cette grande affectation de mystère qui entoure la vie de chacun n'est qu'un voile suspendu par en haut, non attaché par en bas, voile léger, que le moindre souffle d'air dérange et qui s'écarte à chaque instant pour laisser voir même les choses les moins nécessaires à rendre accessibles au public. Du temps de Feth-Aly Shah, le roi Qajar (1771-1834), les scènes de son harem (environ 100 femmes) défrayaient la chronique du bazar, et l'on se disait publiquement, librement, le nom du marchand géorgien, du brillant cavalier nomade ou de l'élégant Mirza qui avait trouvé, la veille au soir, l'accès libre et de quelle façon il était entré... » (in *Les Religions et les philosophies dans l'Asie centrale*, 1865, p. 20).

Le harem et le gynécée ne sont pas exclusivement arabes ou turco-ottomans. Ils ont existé dans toute une partie de la planète allant de l'Afrique jusqu'à la Chine, en passant par la Grèce, l'Égypte et l'Inde ancienne. On croit les avoir décelés chez les Babyloniens, chez les Péruviens, chez les Incas et chez les Siamois. Ernest de Sarzec, consul général de

France et archéologue, né en 1832, aurait identifié à Tello, en Chaldée, l'existence du premier harem dans l'histoire humaine (in *Découvertes en Chaldée*, 1884) et le date de plus de 3000 ans avant Jésus-Christ. Mais c'est bien dans les terres d'islam, en Arabie, en Perse, en Turquie, au Yémen, en Afghanistan, au Maghreb et en Afrique, que cette institution prend une forme nouvelle et originale. La distinction musulmane tient d'abord au fait que le nombre de femmes y est limité à quatre co-épouses (tétragamie), sans compter les concubines. Le verset coranique qui l'autorise est très explicite : « Prenez pour épouses deux, trois ou quatre femmes, sauf si vous craignez de n'être pas équitables avec elles, n'en prenez (alors) qu'une seule ou vos captures de guerre » (Coran, sourate *Les Femmes*, verset 3).

L'érotisme oriental est l'enfant d'un désir contrarié. L'absence de mixité, l'éducation séparée des filles et des garçons et, par-dessus tout, la nécessité pour les filles de ne pas se compromettre sexuellement avant le mariage, sont des axes majeures de définition de l'érotisme, qui le cantonnent à sa seule fonction reproductrice. D'ailleurs, l'aptitude au fantasme est une donnée intrinsèque de la littérature érotique et courtoise. Dans le harem, les caractères les plus variés se côtoient : roublardise, soumission feinte, cynisme et ambition sont le lot de ces femmes qui doivent ruser pour survivre à la rude compétition qui leur est imposée. Cela développe chez ces pensionnaires d'un autre type, une propension à surmonter la servitude en faisant appel au détachement apparent de l'ermite. Si le harem est un piège de complaisance pour l'homme, il est véritablement un pénitencier pour les femmes, éduquées selon une logique patriarcale, afin de leur assigner un rôle et une attitude précises, mais aussi des postures et même des activités : les duègnes, les Kiaya-Kadyn, « gouvernantes du harem » au temps de l'Empire ottoman, y veillent particulièrement. C'est là un des côtés les moins connus du harem, qui joue pourtant un rôle émancipateur important : beaucoup de jeunes filles sont formées à être musiciennes, brodeuses, costumières, parfumeuses, fleuristes, enseignantes, éducatrices. Sans être une anti-société, le harem se présente systématiquement comme une société parallèle, une organisation mimétique qui développe chez ses pensionnaires un « syndrome des hautes murailles », caractérisé par l'abattement, la maîtrise des unes, la soumission exacerbée des autres, la veulerie des troisièmes. Mais la seule logique cynique du harem tient à la multiplicité des femmes, à la fois motif et but explicite de sa survie. Les Arabes (et après eux les musulmans) ont compris que le pouvoir des femmes tient davantage au silence dont elles s'entourent qu'à leur puissance déclarée, y compris celle de l'enfantement. Afin de bien contrôler cette aptitude entièrement dédiée à la subversion et pour les empêcher de fomenter quelques jacqueries, les adeptes de la claustration ont augmenté le nombre des courtisanes, facilité la répudiation et légitimé plus que nécessaire les quatre co-épouses admises par le Coran. À bien des égards, ces dernières étaient trop libres aux yeux de leurs seigneurs et maîtres (*ba'l*, dans l'ancien arabe), elles représentaient une source de problèmes non négligeable, leurs revendications ayant été spécifiées par la loi coranique et protégées par le clan. C'est dire à quel point la pluralité des épouses (et surtout l'ajout de concubines dociles, sans aucun statut) est une arme de guerre brandie par les époux. Mais dans une telle tradition endogamique, forclose, autiste et liberticide, le maintien du harem est néanmoins intenable. Car la pluralité orientale élevée au rang de tactique de division, ne tient que jusqu'au jour où les femmes arrivent à surmonter leurs différends, et à se coaliser contre le pouvoir régalien des hommes – se rappelant ainsi Lysistrata, l'héroïne d'Aristophane, qui mena la grève du sexe en mobilisant les Athéniennes.

Aujourd'hui, avec l'extension du champ du moderne, le harem vit ses dernières heures. Son anéantissement logique est programmé par la multiplication des ayants droit au pouvoir, la frustration des femmes délaissées et l'indignité qui atteint de plein fouet les enfants illégitimes. L'autocratie parfaitement anarchique a détruit le semblant de République secrète bien rodée que les historiens croient déceler derrière les formes exhibées du gouvernement du sérail. Si bien que les façades du harem se sont peu à peu lézardées et profondément craquelées suite à la négation de vie qui les traverse et par la réduction assez drastique de liberté de chacun de ses membres. Le harem, qui était à la fin de l'Empire ottoman un navire à la dérive, est maintenant une scorie sociologique – qui reste vivace dans telle ou telle taifa yéménite et dans plusieurs petites principautés montagneuses du Pakistan et d'Afghanistan. La polygamie est en effet violemment récusée par les réformistes qui la trouvent totalement illicite au regard des prescriptions coraniques au sens même où le verset coranique qui légitime la tétragamie (cité plus haut) est ambivalent. Il spécifie notamment que si l'équité entre les épouses n'est pas garantie, le musulman ne peut prendre qu'une seule épouse à la fois. Toutefois, certains souverains, riches ou puissants, ne font l'économie d'aucun effort pour illustrer la permissivité du verset coranique qui les autorise, moyennant quelques aménagements de fortune, à pratiquer la polygamie...

On peine à contrarier les certitudes des voyageurs occidentaux qui appellent de leurs vœux la stagnation du monde de l'islam, ou un Maghreb conservateur des formes anciennes, ainsi que le décrit très spontanément (et imprudemment) Pierre Loti : « Ô Maghreb sombre, reste bien longtemps encore, muré, impénétrable aux choses nouvelles, tourne bien le dos à l'Europe et immobilise-toi dans les choses passées... Qu'Allah conserve au peuple arabe ses songes mystiques, son immobilité dédaigneuse et ses haillons gris » (in *Au Maroc*, p. 357-358). Depuis plus de deux siècles, les soupirs des femmes et les secrets du harem, auxquels il faut ajouter l'impact décisif des *Mille et Une Nuits*, ont surdéterminé le regard que nous pouvions avoir du sérail et *a fortiori* du harem. Mais l'idée que l'on puisse aujourd'hui reléguer définitivement des épouses dans des prisons dorées n'a plus d'avenir. En 1909, lorsque Abdulhamid II dut quitter toute honte bue Istanbul pour son exil définitif à Vienne, il n'avait plus que six femmes et deux esclaves noirs sur des dizaines que la vulgate lui prêtait. Quel échec ! Buffon, au XVIII^e siècle, le disait déjà : « la raison, l'humanité, la justice réclament contre ces sérails odieux où l'on sacrifie à la passion brutale et dédaigneuse d'un seul homme la liberté et le cœur de plusieurs femmes » (in « Histoire naturelle », vol. De l'Homme, *Œuvres complètes*, t. IV, p. 257).

En voulant suivre à la lettre les décrets divins, il est certains hommes de foi qui s'arrangent de quelques faiblesses humaines, souvent trop humaines justement.

Chapitre 2

# Idéologies du kamikaze ordinaire

L'idée du kamikaze est si extraordinairement étrangère à l'entendement du moderne qu'il lui arrive de douter de son existence. Une telle figure peut-elle avoir du sens ? Y a-t-il vraiment eu des avions suicides nippons qui se sont écrasés sur des navires américains en 1944 ? Mishima s'est-il véritablement donné la mort par éventration (*seppuku*) ou est-ce une simple illusion, un réalisme de pacotille qui se joue autant de notre crédulité que de notre trop grande rationalité ? Et les attentats-suicides sur les *twins towers* de New York ? Faut-il qu'à chaque instant le monde se détruise partiellement pour échapper à une profanation plus grande, une apocalypse ? Parce qu'il s'inscrit dans le cadre d'une violence extrême et médiévale et implique une structure sacrificielle quasi ontologique, le kamikaze (« vent divin ») est bien « un suicide à visée criminelle ». Le phénomène est si effrayant et si peu acceptable pour la conscience, que nous avons tendance à l'évacuer de notre mémoire, à le refouler complètement. Il a fallu le 11 septembre 2001 pour que nous réalisions à quelle logique meurtrière s'alimentent le kamikaze et ses avatars suicidaires, l'immolation par le feu et toute autre folie sacrificielle. Toutes les violences se valent-elles ? La thèse immorale qui voudrait qu'un suicide spectaculaire a une valeur supérieure (c'est l'hypothèse médiatique) à une mort naturelle, sans doute plus vaine, dérisoire parfois, est-elle encore acceptable ? L'édifiant ouvrage de Maurice Pinguet, *La Mort volontaire au Japon*, défend la thèse que le suicide est profondément humain, car d'un certain point de vue, c'est le trop-plein de sensibilité et le trop-plein d'humaine condition qui provoquent ou suscitent le passage à l'acte. On connaît la défense du suicide par Sénèque, qui tient la mort pour une forme de liberté, celle de Plutarque ou de Lucain, mais on ignore tout des résistances au suicide, que d'autres philosophes ont exprimées. Voltaire ne rappelle-t-il pas que le suicide est mal vu dans la société chrétienne au point que le « droit canon, au titre du *De Poenitentia*, assure que Judas commit un plus grand péché en s'étranglant qu'en vendant notre Seigneur Jésus-Christ ». À l'instar du

*Décalogue*, qui s'oppose au suicide, à l'euthanasie et à l'avortement, le Coran récuse le suicide comme solution finale et prive de sépulture celui qui, évitant le bûcher des hommes, se retrouverait inévitablement dans la Géhène. Acte doublement infamant, car il déshonore autant la mémoire du suicidé lui-même que celle du père, de la femme et de la filiation qu'il laisse derrière lui. Le suicide est décrié pour être le signe avant-coureur de l'extinction de la race humaine, la préfiguration de sa damnation finale. Entre réel et irréel, le suicide mime le sentiment de fin du monde selon un modèle autistique de désespoir froidement calculé. Il n'est pas dans mon propos de hiérarchiser les morts, ni de justifier les unes ou de méconnaître les autres, quel qu'en soit leur proximité avec l'horreur, mais de démystifier l'une d'entre elles : celle provoquée par le kamikaze.

La question qui se pose est la suivante : comment je comprends le geste du kamikaze, en quoi je me reconnais en lui, même de manière inversée, au point de l'empêcher de me nuire ou de nuire à autrui ? Et le corollaire : si rien ne me relie à lui, si son geste ne m'évoque rien, même du point de vue d'un romantisme le plus dévoyé, comment puis-je encore considérer le kamikaze comme un être humain ? Il n'y a probablement pas de réponse univoque à cette question car avant son passage à l'acte, le kamikaze n'est qu'un simple suicidaire potentiel. L'acte n'est valable que s'il aboutit à la mort volontaire du candidat, devenu kamikaze de fait après sa mort. Honte au kamikaze lâche, vaniteux ou pusillanime ! Les actes suicidaires ont la fulgurance de l'automutilation et de l'autodestruction. Pathologiques, ils ont vocation à assouvir le nihilisme fondamental des criminels. Pour Albert Camus, il y a un lien direct entre le nihilisme et le crime : « celui qui nie tout et s'autorise à tuer, Sade, le dandy meurtrier, l'Unique impitoyable, Karamazov, les zélateurs du brigand déchaîné, le surréaliste qui tire dans la foule... revendiquent le déploiement sans limites de l'orgueil humain » (in *L'Homme révolté*, p. 349). Tel est le kamikaze, celui qui tue ce qui, selon lui, est déjà mort. Mais ne s'agit-il pas d'une structure perverse ? Car, pour prolonger le titre de l'ouvrage de Dostoïevski, le geste du kamikaze est un crime demeuré sans châtiment. Le châtiment – ce par quoi la société manifeste son horreur et son refus – y est comme absous d'avance, inversé ou encore payé par des tiers, dévié. C'est à ce niveau précis que se situe l'abjection de l'acte terroriste : la société ne peut se laver du péché de sang qu'elle subit, peut-on dire à froid, avec la préméditation du criminel calculateur. Le kamikaze nous convie à une scène primitive désespérante, dans laquelle il ne laisse aucun choix à ses victimes potentielles, ni le moment, ni le lieu, ni le chemin de la rémission, ni aucune possibilité de rachat. Un aller sans retour pour la victime qui s'acquitte d'une double absurdité, dans l'humiliation du non-agir, et paye la part impure de son propre bourreau. Deuil impossible pour une mort sans espérance qui n'a pas d'équivalent symbolique lisible dans l'ordre moral, et c'est sans doute ce qui choque le plus. Au fond, le kamikaze nous dit clairement refuser la société des humains, abjurer le confessionnal qu'elle lui tend et, de surcroît, ne pas vouloir partir en paix, entier, les muscles relâchés, le cœur léger.

Or, l'islam est formel : pas de rite mortuaire, pas d'oraison funèbre, non plus, ni même d'inhumation ou de crémation pour le kamikaze, car l'aliénation dont il est atteint lui impose de souffrir jusqu'à ce qu'il rende l'âme, sans transcender la douleur physique, qui demeure la marque de l'humain. Si l'on se passe, en pareil cas, de sarcophage, c'est que l'on considère que le kamikaze, en donnant sa vie, donne aussi son corps. Il est prêt à être déchiqueté en lambeaux jusqu'au dernier tendon, jeté sur des scies ravageuses comme on jette de la viande aux vautours. Il est prêt à s'immoler, dans le fracas du tonnerre aussi bien par le feu que par le métal en fusion. Que lui importe de savoir s'il sera tailladé, éborgné ou haché menu par la carlingue d'un avion qui vient s'encastrer dans du béton armé : son but est bien au-delà de la fascination des formes communes, il est celui d'une fin glorieuse et subversive. La sainte horreur que nous éprouvons pour toute action suicide vient du fait que son auteur refuse notre morale universelle et s'éloigne égoïstement de nous. Lui, l'être dégénéré qui suscite notre inconscience, qui nous torture par son intuition morbide, voilà qu'il exhume la bête atavique lovée dans son cœur (le nôtre), tandis que nous lui refusons notre compassion. C'est lui qui restaure l'animalité ondoyante que nous évacuons par le truchement de simulacres surmoïques malsains, cherchant à nous distinguer du monstre, à nous séparer de l'immonde. Détourné et contrefait, le Coran est revendiqué comme étant la source unique et pérenne de cette légitimation de l'acte fou du djihadiste et du kamikaze. Ceux qui se sont projetés sur les *twin towers* donnent un crédit réellement hallucinatoire à ce verset : « Ne dites pas que ceux qui meurent au service de Dieu sont des morts, mais des vivants... » (II, 154), et feignent d'ignorer que le contexte du début de l'islamisation est foncièrement distinct de celui d'aujourd'hui. Et qu'en outre, et c'est le plus caractéristique de leur folie, on ne mène pas la guerre à des innocents. La seule justification de la guerre en islam est la guerre d'autodéfense, car on ne peut être à la fois un bon musulman et un transgresseur. Par principe et par conviction, le kamikaze est loin de toute codification morale, ce qui est un gage en quelque sorte de son inhumanité.

Chapitre 3

# Du Ma(n)ternel

Le ma(n)ternel est le nom que je donne à un processus d'introjection symbolique, ou de « dévoration », de l'enfant mâle par sa propre mère pour que celle-ci puisse se construire par son truchement et trouve sa place de mère dans le rhizome familial. Le « n » de manternel symbolise le sentiment éprouvé par la mère qui fonctionne comme une « mante religieuse », au lieu d'adopter un sentiment maternel ordinaire.

L'imaginaire symbolique étant une pensée qui a du sens et qui donne du sens, il est à la fois parole sociale recomposée selon les lois de l'inconscient collectif et instance d'inscription de l'affectif individuel, ici celui de la mère. Tension située entre les différents pôles d'expression de la société, l'imaginaire est une sorte de table d'écoute des pulsations profondes d'une société. Deux groupes de constituants structurent en profondeur l'imaginaire arabe, le premier est ancien, et est le plus ancré, tandis que le second, mouvant et actuel, est en perpétuelle reformulation.

Le premier groupe nous ramène à un temps inaugural, celui de la fondation mythique de la nation d'Ismaël, avec son héritage historique, ses usages coutumiers, essentiellement tribaux, sa pratique cultuelle endogène et finalement sa phylogenèse. Avec le développement de l'islam, seules quelques entités distinctes cristallisent ces éléments : Dieu, la Parole de Dieu (Coran), le Prophète, la Communauté, la Famille. Le polythéisme païen qui a caractérisé tout l'espace bédouin pendant des siècles ne peut, à lui seul, faire illusion, car si la manifestation dite « divine » est multiple, son principe unitaire est commun, tant socialement que culturellement. Certaines études ont analysé ce passage de la culture arabe entre Jahiliya et islam, entre paganisme bédouin et monothéisme arabe (voir Y. Moubarac, 1955), et ont montré que cette mutation a été ressentie comme un séisme, provoquant un grand nombre de résistances. Cette transition a été vécue comme une sorte de traumatisme collectif libérateur, la secousse ayant eu pour effet immédiat de déconstruire le schéma ancien, y compris parental, en lui substituant un ordre patrilinéaire nouveau. L'histoire des Arabes et des musulmans des deux premiers siècles de l'Hégire, notamment l'histoire de la dynastie omeyyade et abbasside, donne des clés inespérées pour la lecture et la compréhension de cette rupture.

Tentons de clarifier l'agencement des cadres matériels et symboliques vécus collectivement : espace, temps, fêtes, alliances, manifestations rituelles, négoce, tempérament national, fonctionnement des guerres, effort de connaissance, impératif endogamique, etc. La confrontation de ces matériaux permet aux historiens, philosophes et anthropologues (El-Bokhari, Henri Lammens, Edward Westermarck, Youakim Moubarac, Maurice Gaudefroy-Demombynes, Tabari) de décrire les habitants de l'ancienne Arabie. De leurs travaux, nous pouvons déduire que les tribus arabes préislamiques et les élites de cette époque étaient surtout individualistes, jouisseurs de tout, imaginatifs, pragmatiques, poètes et belliqueux. Leurs schémas de pensée semblent traversés par un ordre latent, celui du clan, celui de la famille, celui du patriarche, sans le dégagement mystique qui interviendra ultérieurement. *A contrario*, le musulman est tendu vers le haut, avec des items de verticalisation, un temps éclaté sur la durée, une communauté universelle, un cycle cumulatif, une dualité vie terrestre/vie éternelle, etc. Lorsque l'Arabe met l'accent sur les liens claniques et la tribu, le musulman lui oppose une fraternité universelle, la Ûmma – qui étymologiquement provient de « Matrie ». Lorsque le bédouin articule son univers sur un comput serré de la doléance, à travers notamment le culte des idoles, ou sur un espace-temps bien délimité, le musulman lui oppose un monothéisme abstrait, holistique et prégnant.

Entre les deux mondes, une frontière s'est peu à peu constituée, aidée par l'éloignement de plus en plus grand des centres de référence situés dans le Hedjaz. L'Arabe est le principe de réalité du musulman, sa part empirique. Le musulman est la projection eschatologique de l'Arabe. L'un existe dans le réel immédiat, il est pragmatique, affectif et spontané ; l'autre assujettit son présent à son futur, sa vie terrestre à son au-delà, son réalisme à sa spiritualité. L'Arabe veut donner une épaisseur humaine au musulman, tandis que le musulman vise à extraire cette autre part de lui-même, l'Arabe, le Persan, l'Africain, le Turc, de son obsolescence historique, tout en réduisant à la portion congrue son lien viscéral à la mythologie ancienne, son extase des origines. Le prophète Mohammed aurait dit que l'islam effaçait les « enjambements » décrétés par la prédication islamique à l'endroit des valeurs coutumières à tonalité arabe ou sémitique, y compris les généalogies. Mais ces valeurs ont résisté à l'effondrement, ce qui explique la survivance des particularismes arabes et bédouins, y compris dans le champ sémantique musulman. Il s'est créé une sorte d'édifice à plusieurs étages qu'il est opportun d'étudier de manière méthodique. Car cette superposition de personnalités constitue le premier axe de recherche quant à l'ébranlement collectif des premiers siècles de l'Hégire que j'évoquais plus haut, dans la mesure où, précisément, les premières résistances à l'islam ont été des facteurs qui ont stimulé de manière positive l'élaboration théologique ultérieure.

Le second axe est celui du mouvement brownien introduit par l'islam au détriment du monde immobile du Hedjaz. Comment expliquer, en effet, qu'en un siècle et demi, ceux que nous appelons encore aujourd'hui les « Bédouins » parviennent à occuper des espaces aussi vastes que ceux de l'Afrique septentrionale, du Proche-Orient, de l'Asie mineure et du Sud de l'Europe ? Certes, je ne perds pas de vue le fait que certaines conditions socio-historiques ont été déterminantes pour le déclenchement d'un processus de conquête par définition complexe et aléatoire, au moins au début, et que, sans ces conditions, aucune transformation humaine, même collective, même hissée par la flamme du sacré, n'aurait pu se concrétiser. Mon hypothèse de travail est, là encore, fort simple : dès lors que les liens intertribaux ont été réduits à leur plus simple expression par une religion qui supprime une partie des barrières entre classes sociales et entre nations, il n'est pas impossible de penser que, mus par une tension extrême, les Arabes du VII$^{e}$ siècle, devenus musulmans par le fer et par le sang, n'en soient venus à élargir leur concept-monde à l'œcoumène habité ou à conquérir, y compris le Maghreb, l'Afrique et l'Andalousie. Ils ont appliqué en somme les principes qu'ils s'étaient donnés, comme si de leur capitulation, ils devaient faire le lieu géométrique de leur rebondissement.

Or, une telle attitude réactionnelle ne pouvait être que le fait d'une société, qui, pratiquant jusqu'alors des rituels traditionnels en conformité avec l'hagiographie anhistorique des anciens Arabes du Hedjaz, se sentait soudainement agressée. Elle est la résultante d'un bouleversement significatif de la personnalité collective, source d'un déplacement massif d'affects et de représentations. Cette partie qui relève de la « psychanalyse culturelle » n'a pas encore fait l'objet d'une recherche systématique et je n'ai pas cru nécessaire, ni malheureusement possible, de la mener ici. L'objectif de cet essai est de comprendre d'où vient la fragilité affective et émotionnelle du monde arabe face au progrès, et d'où vient l'attachement des individus aux formes éculées de la pratique religieuse et l'agressivité qui en découle, qu'elle soit isolée ou de masse, et qui a un impact sur la construction du moi, les liens entre hommes et femmes et le rapport à autrui.

Il me semble intéressant ici de décrypter le substrat maternel qui agit à l'ombre de la psychologie collective des Arabes. Pour le distinguer du « sentiment maternel », appelons ce *substratum* le « manternel ». Il s'agit d'une relation privilégiée, exclusive et inconsciente entre une mère musulmane et son fils. Je pars d'un principe organisateur, confirmé par l'observation des sociétés patriarcales bédouines, arabes, persanes et maghrébines, celui qui consiste à évaluer le potentiel fécondateur de la femme au nombre de ses enfants mâles. Certes, il n'est plus question de nos jours qu'une telle demande soit formulée clairement par les hommes ou par les belles familles, mais le schéma ancien survit malgré tout. L'idée principale est la suivante : dans la mesure où la femme arabe ou musulmane ne peut exister en tant qu'individu que lorsqu'elle a mis au monde des enfants mâles et que ces mêmes enfants ont à leur tour enfanté d'autres enfants mâles, il apparaît évident que la relation mère-enfant s'inverse au fil du temps, pour devenir une relation enfant-mère. Ainsi, ce n'est pas tant la mère qui donne naissance à l'enfant mâle que l'enfant, parce qu'il est de sexe masculin, qui donne naissance à sa mère. Par ailleurs, dans la mesure où celle-ci est amenée à asseoir son autorité à l'intérieur de la cellule familiale en ayant le plus d'enfants mâles possible, elle devient fortement redevable à ses enfants de la place qu'elle occupe

– d'où l'importance des naissances répétées. Toute l'ambiguïté de la relation de la mère à l'enfant est là, dans l'inversion qui s'opère entre eux, l'un donnant naissance à l'autre et vice-versa. Ce phénomène s'accompagne d'une introjection symbolique, qui introduit du politique à l'intérieur de la famille, mais aussi au sein de la société. La « manternalisation » est un type de consommation symbolique de la mère à l'égard de son enfant, voire dans certains cas – toujours symboliques –, le mimétisme d'une relation anthropophagique à une échelle plus large, héréditaire. Précisons ici que le tabou de l'inceste n'en est pas moins posé.

Il est tentant de comparer la relation maternelle arabo-bédouine à d'autres procédés de « manternalisation », notamment méditerranéens. Dans l'ancien temps et pour autant que les ethnologues rapportent réellement les faits, la mère juive gardait par devers elle le prépuce de son nouveau-né après l'exérèse. Une « capture » symbolique poussée jusqu'au bout, peut-on dire ! La mère musulmane ne procède pas de la même manière, car la circoncision de son fils est plus tardive et n'est pas structurante, même si le prépuce est enterré dans le voisinage immédiat de la poutre faîtière de la grande tente, aujourd'hui la maison, ou sous un arbre centenaire. En revanche, à l'intérieur du harem et jusqu'à sa première ou sa deuxième année, l'enfant mâle est entièrement « mangé » par les attouchements labiaux des mères et de leurs substituts féminins : cousines, sœurs, voisines et toute autre femme du gynécée. L'affect qui passe par de telles suscitations buccales est déterminant dans l'établissement du lien avec la mère manternalisante. L'observation courante montre combien les mères et leurs enfants ont compris l'importance cruciale de ce lien spécifique. Tout-puissant le petit enfant arabe ? Tous les indices le laissent entendre, à commencer par la valorisation excessive de son pénis, tantôt embrassé, mordu, titillé, sucé, caressé, ou happé par l'amour incandescent des femmes. Cela aide le garçon à mûrir virilement, mais le pousse aussi à demeurer enfantin très longtemps, car l'humain en lui est contrecarré par de trop lourdes charges affectives. Cette équation-là est terrible pour l'homme arabe, devenu adulte, car la relation étrange qui se crée entre la mère et son garçon mâle remplace en peu de temps la relation charnelle adulte, et se substitue même à l'affect parental.

Voici un schéma linéaire qui permet de voir combien la relation archaïque « mère-enfant » est fondatrice d'un ordre complexe qui fonctionne comme une préfiguration de l'individualité arabe, de ses avatars d'égoïsme disproportionné, et de l'agressivité dont l'homme fait preuve à l'égard de ses filles, de ses sœurs et de ses amantes.

**Du Manternel**

*Cycle I*

/**Introjection symbolique de l'enfant par sa propre mère**/
/Fille/Adolescente/Jeune femme/
/Primat de la virginité prémaritale : « don » autant personnel que social, l'équivalent masculin étant la virilité/
/Épouse/

*Cycle II*

/Utérus fécondable-Utérus fécondé/
(La stérilité demeure encore un motif de répudiation)
/Grossesse/Accouchement/
/Enfant mâle/Maternage abusif/
/**L'épouse devient mère, grâce à son enfant**/

FIN DU CYCLE COURT

*Cycle III*

**/Naissance de la mère/**
/Couvade anthropophagique, au niveau symbolique/
/La Mère survit au sein du clan grâce à la multiplication des naissances mâles/

/L'enfant devient adulte/fiançailles/
/a un enfant mâle/reproduction du cycle/

*Cycle IV*

/Naissance de la grand-mère/
/la bru devient mère/
/la mère devient grand-mère/
**/Naissance de l'individu-femme/**

*Cycle V*

**/La femme devient un individu politique/**
/Elle sort du « marché du sexe »/elle peut déposer le voile/

/Maintien en l'état du patriarcat à travers des désirs (contraints) de la femme épouse/mère/grand-mère/

FIN DU CYCLE LONG

Cette relation se reproduit évidemment à l'identique pour tous les autres enfants mâles, nés de la même mère sur plusieurs générations – cycles longs qui se reproduisent à l'identique –, et, de proche en proche, dans toutes les familles – cycles parallèles –, via le mimétisme ethnique et social. Avec le temps, nous assistons à la fabrication d'un réseau si ramifié et si dense qu'il devient difficile de s'y retrouver, et encore moins d'en extraire une quelconque intelligibilité d'ensemble. En un mot, le manternel est, dans la société arabe, un cycle particulier d'intériorisation de la Loi sociale, avant de devenir la loi sociale elle-même. Ce cycle a pour socle la référence au Père, mais c'est le féminin qui le met en scène, qui le dramatise. À cet égard, parmi tous les agents de propagation et de conservation du manternel, la femme se situe aux premières loges, malgré la structure de contrainte – ici le patriarcat – qu'elle subit. Tout fonctionne comme si la contestation de cet ordre inconscient la priverait d'avantages secondaires dont elle pourrait jouir par ailleurs. C'est l'enfant qui donne naissance à l'épouse devenue mère, c'est encore lui qui donne naissance à la mère devenue grand-mère et, partant à l'individu-femme, devenant elle-même « sujet politique » à la ménopause. Mais une fois « née » de son fils, même monstrueusement, la mère va imprimer sur toute sa filiation (et à tous les modèles éducatifs et sociaux) des items dont elle a hérité en tant que sujet soumis à la loi symbolique du père bâtisseur. Obnubilée par ces échéances de validation successive, la mère oublie de se projeter dans des enjeux positifs, elle n'existe que par délégation. En effet, le choix qui lui est proposé à travers le manternel n'est qu'un trope en trompe l'œil : seul le primat masculin est reconduit et mis en valeur. Cette ontogenèse de l'individu-femme à l'intérieur de la société arabe peut servir d'aiguillon à une réflexion plus large qui toucherait aux structures anthropologiques de l'être arabe et musulman, sa naissance dans l'humus féminin initial et son développement dans cet immense bain qu'est la communauté musulmane. Ce thème rejoint d'ailleurs, mais en partie seulement, celui du fantasme décrit par les ethnologues sous la notion de « dévoration féminine » (voir notamment l'étude stimulante de Denise Paulme, intitulée *La Mère dévorante,* construite autour du conte africain). Il faut donc soixante ans pour que l'individu-femme devienne un sujet politique à part entière, mais d'autres conséquences sociopolitiques, et sans doute aussi plus cruciales, peuvent être déduites. Je pense notamment à l'absence de désir et de jouissance, non pas seulement compris comme une pénétration-éjaculation réussie, mais comme la capacité pour un individu mature, homme ou femme, de satisfaire aux conditions de l'altérité dans la perspective d'un épanouissement physique, émotionnel et humain. Je pense enfin à l'immaturité affective des hommes : aujourd'hui encore, les familles se complaisent à magnifier à travers des clichés comme « la bonne mère » ou « le bel enfant » des visions optimistes de l'enfant-roi qui serait attendu par toute la fratrie, et par la société dans son ensemble. Ce qui explique que la mentalité masculine d'aujourd'hui, y compris dans sa part misogyne, est la traduction de la bonne masculinité telle qu'elle était vécue, il y a plusieurs générations par la femme-épouse-mère qui survalorisait inconsciemment la naissance d'un enfant mâle. Ce modèle explicatif du manternel, son fonctionnement pré-génital et sa projection anthropologique reste une bonne entrée en matière pour l'étude des mentalités arabes, et en particulier pour le surmoi masculin, la toute-puissance de l'homme, son orgueil de mâle et son addiction au paradis de l'enfance qui demeure un indice significatif de son immaturité affective. Cette interrogation ouvre également un questionnement sur l'imaginaire féminin, ses replis spécifiques, ses libérations, sa coercition. Les succès et les échecs conjugaux, mais aussi les frustrations, l'inappétence sexuelle, la frigidité féminine et l'impuissance masculine s'expliquent (et se résolvent parfois) dès que les protagonistes prennent conscience de la dette symbolique. Accessoirement, ce trope met en perspective le nœud crucial de l'interdit et son dépassement, condition *sine qua non* de l'amour de soi posé comme une équation factorielle de l'amour de l'autre.

Chapitre 4

# Livres interdits et autodafé

L'enfer des bibliothèques arabes n'est pas connu, mais il est déjà bien rempli. Ce qui le sous-tend est formulé dans tous les manuels de l'islam : le Coran est le seul livre qui vaille la peine d'être appelé livre. Il y est présenté comme une dénégation, voire une récusation claire de tous les autres livres. De plus, le champ de l'interdit continue à s'étoffer au rythme organiquement prospère de l'ensauvagement des élites au pouvoir.

Étant donné l'analphabétisme religieux et doctrinal des masses, ces interdictions ne suscitent aucune indignation, hormis chez quelques intellectuels en rupture de ban. Il faut dire que le soin avec lequel les ciseaux de la censure opèrent est remarquable, en sachant que la religion, la politique et les mœurs sont leurs trois champs d'expérimentation. En 1989, avec *Les Versets sataniques* de Salman Rushdie – sur lequel on peut toujours discuter en terme littéraire –, l'imam Khomeiny, fort de son bon droit de Mahdi réincarné, a posé le périmètre d'une censure religieuse acariâtre et hargneuse. Dans le domaine politique, les postulants au califat ne se comptent plus, sans forcément rendre leur choix audible. Ils prennent n'importe quel prétexte, de simples lazzis inconvenants aux insoumissions potaches, pour envoyer au diable des personnalités charismatiques qui agissent comme des éveilleurs de conscience. La question est pourtant simple : « le roi, le sultan, le calife peuvent-ils être en même temps souverains de droit commun et chefs spirituels ? » Ce qui dérange le plus dans la question des versets sataniques tient à un bout de phrase, qui aurait été dicté par Satan au Prophète et que le Coran avait formulé une première fois de cette manière, avant de l'abroger aussitôt : « Avez-vous considéré Al-Lat, Al-'Uzza et Manat, cette autre troisième (idole) ? Ce sont de "sublimes déesses" et leur intercession est certes souhaitée » (*Coran*, LIII, 19-21). Ce verset a choqué les premiers croyants, car il laissait entendre qu'Allah n'était pas seul à mériter leurs louanges et leur vénération. L'islam n'était-il donc plus un monothéisme, mais une variante du polythéisme antique, voire un totémisme ? Ayant réalisé l'anomalie, le Prophète se serait alors aussitôt ressaisi et aurait annoncé le verset tel qu'il aurait dû être compris. On pensait l'affaire close, mais cette substitution d'entités a entraîné des conséquences fâcheuses aux premiers temps de la prédication, et même après. Elle est devenue la ligne de fracture qui sépare les adeptes de Mohammed, mecquois et médinois, de leurs opposants. La césure s'est estompée un moment avant de renaître sous d'autres formes, dans d'autres habits, précisément dans le champ politique, avec la réflexion autour de la « gouvernance musulmane ». Est-elle héréditaire ou consensuelle ? La descendance du Prophète peut-elle se passer de la compétence des prétendants au califat en lieu et place d'un simple legs de père en fils, en somme un héritage royal ? Jusqu'à une date récente (1925), la séparation des deux instances, le politique et le religieux, n'a jamais été à l'ordre du jour, ni même dans un énoncé qui aurait pu faire basculer l'islam dans la modernité politique. On sait le blocage ancien et peu audible de la plupart des théologiens. Ainsi, Abu'l-'Ala al-Ma'arri (mort en 1057), le poète aveugle de Syrie, individualiste, agnostique, végétarien et fermement opposé à l'hypocrisie des clercs, est devenu de son vivant la bête noire des conservateurs et de quelques souverains en mal de légitimité. La virulence de ses propos, la pugnacité avec laquelle il les développait et, partant, la force de corrosion se ressentent encore aujourd'hui. La déconstruction est à l'œuvre, même si les caciques ne l'entendent pas de la même oreille, arguant du fait que le pouvoir du sultan n'existe que par sa capacité à fédérer autour de la parole sainte avérée et non pas autour de lui-même. En 2007, deux institutions algériennes, le Ministère de l'information et le Ministère des affaires religieuses et des wakfs algériens (fondations pieuses), organisateurs du Salon (international) du Livre d'Alger, ont réussi à interdire à la vente tout livre d'Abû-l-'Ala al-Ma'arri sans donner aucun prétexte. Dans une période de rétrécissement du champ des libertés, la voix libre d'Al-Ma'arri sonne trop fort, étant donné que son chant est plus enchanteur que la voix du muezzin. L'auteur épingle à tours de bras les hypocrisies religieuses et ne ménage ni les féodaux en place, ni les parvenus, ni les zaïms, ni leurs sous-fifres. Son œuvre poétique est truffée de sentences péremptoires qui rappellent combien la liberté de pensée est non seulement précieuse mais qu'elle atteint aussi largement son but, malgré les oukases.

Voici quelques vers, parmi des dizaines d'autres de même facture :

> « Le désert est peuplé de brigands qui enlèvent les chameaux lâchés au pâturage ; les mosquées et les souks sont aussi peuplés de brigands. Mais tandis que ceux-ci sont appelés

> notaires et commerçants, les premiers sont flétris sous le nom méprisant de bédouins. »
>
> « Vos bouches ont cité la profession de foi musulmane, alors que vos cœurs et vos âmes n'ont pour le droit qu'un mouvement hostile. »
>
> « Les habitants de la terre se divisent en deux catégories : les uns, doués d'intelligence, mais sans religion ; les autres religieux, mais dénués d'intelligence. »
>
> « De toutes les belles paroles que j'entends, aucune ne peut me plaire aussi longtemps que prêchent les prédicateurs. »

Abû-l-'Ala Al-Ma'arri aurait pu rester dans le souvenir de quelques érudits comme le plus subtil des hommes, le plus instruit et le plus avant-gardiste. Mais il aurait fallu – et ce n'est pas son tempérament – faire allégeance à tel ou tel mécène puissant, montrer de la docilité au régime en place, corrompre à l'envi et flatter des fanfarons. Il n'a rien fait de tel, allant jusqu'à se priver de nourriture pour vivre dans la dignité, et ne jamais tendre la main comme un mendiant.

Les livres suspectés de déviationnisme ne portent pas forcément sur le religieux. La politique est aussi l'une des causes de friction, sans compter que l'État s'en mêle assez fréquemment. Aussi un régime tenu par les Shi'ites censure-t-il en toute bonne conscience les ouvrages en provenance d'un État à dominante sunnite, sans même que le contenu soit *a priori* répréhensible. Avant même de l'étudier, un État sunnite suspecte de bien des torts les productions de l'esprit provenant d'une sphère shi'ite. L'autodafé est un geste fou où l'on prétend brûler la pensée. Prétention seulement, car la pensée que l'on brûle ne s'éteint pas pour autant et s'enflamme de ses propres cendres. La censure politique est plus féroce encore, car la circulation des livres est fonction du climat anti-hérésie qui règne entre les différents pays de la zone franche considérée et au sein de la même doctrine. Tel conflit de frontières peut retarder la mise sur le marché d'un livre considéré comme excellent là, et schismatique là-bas, respectueux dans un cas, offensant dans un autre. À sa manière, l'adepte sournois d'une autre doctrine agit par délégation, et ne conçoit l'attaque que de manière sectaire.

Après la religion, et la politique, la sexualité constitue la troisième mauvaise veine qui exaspère les censeurs et les moralistes. Alors que l'amour courtois (*al-hubb al-'ûdhri*) a été chanté en terre arabe bien avant l'islam, la nouvelle religion a suscité des barbons suffisamment odieux pour réprimer sans mesure toute impulsion de désir et toute incitation au bonheur charnel. Les poètes qui ont tenu un verbatim quotidien de leurs échanges amoureux avec la dulcinée sont les plus visés. Ils ont subi la censure, le dénigrement, l'apostasie et la condamnation. Grâce à leur position sociale, certains ont échappé à la censure froide et autiste. Ce fut le cas d'Umar ibn Abi Rabi'a (m. entre 713 et 719), un enfant de La Mecque et par chance le fils d'un aristocrate de la ville, riche commerçant, qui a pu accéder à un petit gouvernorat de province. C'est dire que protégé de la sorte, le jeune Umar allait grandir dans un contexte social extrêmement favorable au point que, le talent aidant, il deviendra le poète « érotique » par excellence (*ghazal*), surpassant d'une large coudée tous les prétendants de sa génération. Mais à toute médaille son revers : Umar ibn Abi Rabi'a était mondain et provocateur, il cherchait le blasphème et en faisait une règle de conduite. Tel fut son sacerdoce ! Séducteur dans l'âme et pétrarquisant sans scrupules, Umar a fait de sa vie sentimentale un théâtre à ciel ouvert, qu'il déclamait sans cesse dans ses vers, ne cessant de ravir et de faire chavirer les cœurs des femmes, comme celui de la plus notoire Thûraya. Sa beauté physique excusait ses frasques. Voici ce que dit de lui, dès 1943, l'Égyptien Abd-el-Jalil, auteur d'une histoire de la littérature arabe : « Sa beauté, ses richesses, ses dons poétiques le rendirent captif du plaisir et des amusements. Lorsque venait l'époque du pèlerinage à La Mecque, il mettait de beaux habits, se parfumait, montait sur des chamelles teintes au henné et revêtues de précieux harnachements et s'en allait au-devant des caravanes de pèlerins. Il guettait les belles qui venaient de Médine, de Damas, de l'Iraq et les suivaient à la grande mosquée au moment où elles faisaient les rondes rituelles autour de la Ka'bah ; cela lui permettait d'observer à loisir leur beauté puis de la décrire dans ses poèmes en mettant autant que possible les noms exacts des femmes qu'il célébrait ainsi. Tant qu'il ne dépassait pas les limites de la décence, les belles étaient fières d'être l'objet de ses attentions et de ses chants, et parfois elles le provoquaient elles-mêmes à les exalter. D'autres femmes cependant craignaient fort son immoralité, et elles s'abstenaient même de se rendre à La Mecque de peur de le rencontrer. Ce n'est cependant pas la majorité, les femmes aimaient au contraire attirer son attention, et il le savait. On assure qu'à La Mecque à l'occasion du pèlerinage, il faisait souvent mine de tourner autour de la Ka'bah sans regarder les femmes ; celles-ci recherchaient son regard et ses panégyriques ; et comme il s'obstinait à ne pas tenir compte de leur présence, elles finissaient par l'encercler en pleine mosquée, exigeant de lui d'être dûment chantées. Il avait d'ailleurs du tact, et il réservait ses chants obscènes aux femmes qui voulaient bien se prêter à ses aventures. Il paraît qu'il se maria, et même deux fois, mais on redoutait ses trahisons et ses inconstances. À la fin de sa vie il se repentit, suivant la tradition, et bien sincèrement » (in *Histoire de la littérature arabe*, p. 69-70). Peut-on mourir en paix avec son âme, et en bon musulman, après avoir été un corrupteur patenté, un amoureux sincère, un bourreau déloyal de toutes les belles promises ?

Dans une veine plus philosophique, les deux premiers siècles de l'Hégire ont été très féconds, surtout depuis qu'un mouvement constitué de libres penseurs s'est progressivement détaché de la branche théologique principale, plus orthodoxe, et s'est affirmé, faisant de son autonomie son identité. Ce mouvement s'appelle le mutazilisme et ses adeptes ont été qualifiés (car c'était une offense voilée), les mutazilites, « ceux qui se sont affranchis » des dogmes en vigueur. L'usage veut que ces mutazilites aient inauguré la pensée libre, une philosophie rationnelle sur un fonds qui était tenu par la dogmatique islamique en formation. Les mutazilites ont eu une intuition majeure : l'Unicité de Dieu (Allah), au-dessus de toute expansion humaine, est autosuffisante. Aussi le Coran que nous lisons symbolise-t-il évidemment la Parole du Dieu Un, mais ne peut le représenter. Dès cette époque, la question du Coran sanctifié et supra-humain comme « un attribut éternel de Dieu », est posée par ce mouvement rationaliste qu'Heinrich Steiner a été le premier à identifier comme un groupe de « libres penseurs » (*Freidenker*), vers 1865. Aujourd'hui, ceux qui fétichisent à outrance le texte sacré de l'islam s'inscrivent évidemment en faux contre le mouvement mutazilite, lequel a violemment été combattu par toutes les grandes écoles de pensée, comme l'ach'arisme, le hanbalisme, et le wahhabisme. De grands penseurs se sont pourtant présentés comme des mutazilites : parmi eux, Jahiz (m. en 869) a non seulement été un grand prosateur, sans doute le premier des plus grands, mais aussi un esprit libre et frondeur, un homme curieux et rebelle. Si rebelle que le mutazilisme lui parut trop étroit, à tel point qu'il éprouva le besoin de le renouveler de l'intérieur, en créant sa propre branche, le jahizisme. On lui a reproché beaucoup de choses, notamment ses publications, mais il a toujours répliqué sans détours, en introduisant ainsi ses argumentaires : « tu me reproches d'avoir privilégié les non-Arabes aux Arabes, ou l'inverse, ne sais-tu que... », ou encore « tu me reproches d'avoir blâmé les blancs et les noirs, la supercherie des artisans, le vol des commerçants, la veulerie des fonctionnaires, et celle de certains imams,... », justifiant toujours sa position, sans cesser d'être mordant. Aucune maladie sociale ni aucune injustice n'étaient de lui ignorées. S'il n'avait pas été protégé par les maîtres de Bagdad, à coup sûr ses livres auraient brûlé en place publique, et sa tête aurait pu rouler comme celle du mystique Al-Hallaj, en 922, présenté par la doxa comme l'hérétique par excellence.

Le grand tort du mystique Al-Hallaj (858-922) a été de trop personnaliser son rapport à Dieu, mettant en avant une union mystique très ambiguë, et s'écriant publiquement *Ana Al-Haqq*, « je suis la Vérité suprême, Dieu lui-même » (in Massignon, *La Passion d'Al-Hosayn ibn Mansour Al-Hallaj*). Au fur et à mesure de son extase délirante, Allah était devenu son familier : il lui parlait, le suppliait, et lui demandait d'obtempérer – il est vrai que les séances cénobitiques et les privations alimentaires provoquaient un effet hallucinatoire caractéristique des méditations indo-musulmanes. Il a ainsi accouché d'une *Passion* brûlante et d'un feu dévorant qui l'a définitivement consommé. En 922, juste avant son supplice final en place publique pour « hérésie manifeste » (*zûhd, zandaqa*), car Al-Hallaj n'a jamais voulu se repentir, il dit, s'adressant à Dieu : « Pardonne-leur, et ne me pardonne pas ! Puisque tu consumes mon humanité en Ta divinité, par le droit de mon humanité sur Ta divinité, je te demande de faire miséricorde à ceux-ci, qui ont travaillé à me faire mourir ». Le X^e^ siècle fut très sévère avec les œuvres de l'esprit, car après Hallaj, pendu en place publique, ce fut le tour d'Abu Tayib Al-Mutanabbi (915-965), écrivain de Kûfa, de faire les frais de la vindicte populaire, et de la lâcheté des clercs qui le poursuivirent des années durant, jusqu'à son assassinat en 965. En se proclamant « Prophète » (d'où le surnom arabe

*Al-Mutanabbi*, soit « celui qui prétend être prophète »), l'Irakien a enfreint un interdit majeur en islam, l'inimitabilité de la parole divine dont le symbole indépassable est précisément le Coran.

Le scripturaire, les Saintes Écritures, ont toujours été problématiques en islam, religion-culture fondée sur l'oralité, ou l'écrit est absent, ou alors dangereux. Il s'avère ainsi qu'aux yeux de l'islam, le Coran seul devrait avoir le titre de livre, dès lors qu'il est révélé *ne variatur* et sacralisé par l'accueil atemporel qui lui est réservé. En dehors de la « Révélation », point de salut pour l'écrit profane, les écrivains étant suspectés de déviationnisme, puisqu'à travers leur création, ils réfutent la pensée mimétique et ses conventions étroites. Aujourd'hui encore, tout écrivain qui ose écrire un livre risque d'être pris pour un anti-prophète. L'offense est plus grande encore si l'écrivain produit de la fiction, car il s'arroge alors le droit de faire vivre et mourir à sa guise les personnages qu'il a inventés. Quant à la sexualité, elle apparaît, dans certaines œuvres, tel un brasier ardent, vers le Xe-XIe siècle, ou peut-être même avant.

Intéressons-nous aux *Mille et Une Nuits*, sans doute le livre le « plus obscène » qui ait jamais été composé aux yeux de quelques moralistes honteux, hypocrites, flagorneurs, intéressés et serviles. Lors de sa 1002e nuit, Shéhérazade aurait pu dire : « Ô Sire, des fous de Dieu autoproclamés et pratiquant un *hooliganislam* fondé sur le mépris de toute création littéraire ont décidé d'interdire mes belles histoires aimables et licencieuses au prétexte fallacieux que tout ce qui sort de ma bouche incarnadine était obscène... » Après un court silence durant lequel Shéhérazade aurait savouré la souplesse d'écoute de son époux largement conquis, elle reprendrait : « Ô Sire, aimez-vous donc l'obscène au point de me laisser vivre encore une nuit de stupre, après tant de nuits passées dans cette couche royale, au lieu d'aller vous purifier de moi – et de toutes les femmes de votre harem – à la mosquée rouge baignée du sang des martyrs ? » Puis, voyant le jour se lever, Shéhérazade se serait tu.

Après dix siècles d'existence, une association égyptienne du Caire baptisée *Avocats sans frontières*, a tenté il y a quelques années à peine, de réduire au silence Shéhérazade en interdisant toute publication nouvelle des *Mille et Une Nuits*. Pour ce faire, on est allé exhumer de l'oubli une loi antédiluvienne du Code pénal égyptien (article 178) selon laquelle la publication, la diffusion et la vente de tout texte dont la verdeur des mots porterait atteinte à la « décence publique » seraient interdites. Or, depuis leur naissance à Bagdad, il y a onze siècles, *Les Mille et Une Nuits* ont bercé l'enfance de générations entières d'auditeurs arabes et égyptiens (surtout égyptiens, étant donné que certains contes y auraient vu le jour au Caire) sans jamais causer le moindre trouble public ni *a fortiori* offenser l'islam. Contes oraux au départ, racontés par les femmes du palais et transmis de ville en ville et de pays en pays, *Les Mille et Une Nuits* constituent, me semble-t-il, et je ne suis pas le seul, le summum de la culture populaire arabe et l'aboutissement du raffinement le plus exquis. Ils auraient pu disparaître si Antoine Galland (1646-1715), un érudit picard, ne les avait redécouverts au tout début du XVIII^e^ siècle, en les traduisant de l'arabe en français. Depuis, *Les Mille et Une Nuits* sont devenus un best-seller mondial, qui peut se résumer ainsi : des récits tendres, caustiques, instructifs ou cruels portés par une pléiade de jeunes femmes esseulées et visant une joie de vivre – somme toute naturelle dans un Palais. Ces contes ont le mérite de s'interroger sur l'intangible fragilité des choses. Ni plus ni moins ! Mais qui plus est, qui ne connaît aujourd'hui ces personnages truculents et exotiques que sont Harûn Rachid, contemporain de Charlemagne, la princesse Shéhérazade, épouse et narratrice principale des *Nuits*, Sinbad le Marin, qui fit le tour de l'Inde et de la Chine, ou Zoumouroud, qui servit de trame au film culte de Pier Paolo Pasolini, primé à Cannes en 1974 ? Qui ne connaît Aladin et sa lampe magique, son tapis volant et sa gouaille batailleuse de jeune premier, lui qui fit, grâce aux bons offices des studios Disney, les délices d'un nombre incalculable de jeunes téléspectateurs dans le monde ? Qui ne connaît Ali Baba et les quarante voleurs, surtout depuis que le cinéaste Jacques Becker en confia, en 1954, le premier rôle à Fernandel ? Voici ce que sont *Les Mille et Une Nuits* : un miroir de l'humanité et un hymne à la liberté. Elles exaltent le désir d'être et la force du verbe enchanteur. Nonobstant les turbulences, cette épopée unique continue son odyssée littéraire en inspirant, comme au début, les créateurs du monde entier. Et pourtant, ce sont ces mêmes contes, publiés récemment par un éditeur dépendant du Ministère de l'éducation nationale, qu'un groupe de censeurs égyptiens, des avocats proches des islamistes, a voulu interdire, au prétexte qu'ils inciteraient les jeunes à la débauche. La même intolérance s'est manifestée à deux reprises, en 1980 et en 1985, toujours en Égypte, lorsqu'un mauvais Génie avait orchestré ou mimé un sinistre autodafé des célèbres contes. Autrement dit, le texte le plus sacré de la littérature arabe, considéré par une partie des écrivains égyptiens comme « un monument universel à protéger », vénéré par les conteurs de toutes les époques et de tous les pays, est constamment menacé par des faiseurs de fatwa, ignares ou manipulés. Mais pourquoi de tels contes, pourtant inoffensifs, gênent-ils à ce point les religieux ? L'une des raisons est la suivante : *Les Mille et Une Nuits*, que l'on doit à une dynastie brillante, celle des Abbassides (VIII^e^-XIII^e^ siècle), sont une métaphore du rêve impossible des Arabes, un motif de dépassement de soi et d'élévation. De ce fait, *Les Mille et Une Nuits* touchent à l'essentiel, l'image brisée du rêve éveillé arabe, leur traumatisme. Elles renforcent par leur vitalité l'humiliation que les Arabes ont subie depuis leur déclin qui a symboliquement débuté à Grenade, en 1492, date de la chute de la maison nasride. C'est pourquoi, à travers le combat homérique qui s'est engagé il y a quelques années au Caire entre deux islams, l'islam des Lumières incarné par Mohamed Salmawy, qui était à ce moment-là le président du Syndicat des écrivains égyptiens, d'un côté, et l'islam obscurantiste et cauteleux des fondamentalistes, représenté par ce quarteron d'avocats en mal de reconnaissance, de l'autre, se joue une partie cruciale, celle de la survie ou non de ce qu'on pourrait appeler « la civilisation arabe », que le traumatisme a subitement réveillée. Interdire *Les Mille et Une Nuits* au motif que ces contes sont indignes de l'Égypte des islamistes revient à interdire une majeure partie de la création arabe, qu'elle soit écrite, orale, picturale ou cinématographique. Le combat est aussi doctrinal et, comme tel, décalé et sous-jacent. En effet, les Égyptiens d'aujourd'hui souffrent du repli dogmatique que les Frères musulmans leur ont imposé depuis bientôt un siècle. Ils ne croient plus à leur rôle moteur dans la nation arabe, un rôle qui était encore le leur jusqu'aux années 1970. Les rationalistes égyptiens, qui étaient versés dans le domaine des arts, des lettres et de la philosophie, se posèrent là comme une antithèse crédible face à l'idéologie fondamentaliste des rejetons d'Hassan al-Banna (1906 ou 7 – 1949), le fondateur des Frères musulmans. Naguère, on pouvait boire tel nectar musqué de Chiraz, aimer et être aimé sans fausse pudeur et, gage de magnanimité philosophique, accepter l'injonction d'être soi-même au sein d'environnements divers, et cela sans agressivité ni prosélytisme. La liberté n'est universelle que si elle est la même partout, y compris en terre d'islam. Jusqu'à quand le monde arabe fera-t-il l'impasse de ce principe fondateur sans se discréditer définitivement ? Le plus obscène dans tout cela n'est-il pas cette croisade contre la mémoire culturelle de plusieurs centaines de millions d'Arabes qui porte atteinte au patrimoine immatériel de l'humanité, dont les œuvres de l'esprit sont une part significative ? N'est-il pas surprenant que depuis toujours, on ait cherché à faire taire les écrivains les plus modernes et les plus progressistes, les plus frondeurs, comme ce fut le cas avec Abu Nuwas (762 – v. 813) et Omar Khayyam (v. 1050 – v. 1123), qui aimaient par-dessus tout, et chacun à sa manière, la dive bouteille, les jeunes femmes, les mignons, les bouges et les tavernes. Averroès (1126-1198), lui-même a été contesté et vilipendé en raison du souhait qu'il avait exprimé de mener à son terme son grand *Commentaire* d'Aristote, et plus particulièrement du *De Anima*, car les autorités religieuses redoutaient une mise en question trop violente de l'islam officiel. Si Averroès, qui était à ce moment-là grand juge (cadi) à Séville, a évité une mise au ban radicale, ce fut grâce à la bienveillante protection du calife almohade, Abu Yaqub Yûsuf, mort au combat en 1184, et de son fils Abu Yûsuf Ya'qûb Al-Mansûr, « le Victorieux », mort en 1199, alors même que la protection califale s'était déjà érodée avec la mort du premier, à un moment où le radicalisme almohade atteignait des sommets. On dit en outre qu'Averroès a essuyé les quolibets de la foule peu avant sa mort. Ainsi, alors qu'il était âgé de plus de 70 ans, des sauvageons avaient trouvé le moyen de le lapider, lui, l'un des plus grands esprits de l'islam, au prétexte fallacieux que ce « mécréant » aurait été libre penseur. Sont-ils allés jusqu'à mettre en péril sa bibliothèque tant à Séville qu'à Marrakech ? On ne peut le savoir, car en matière de censure et d'autodafé, l'islam n'a pas de doctrine fixe, ni d'ailleurs de mémoire. Lorsque l'islam est en crise, comme souvent, ses édiles ont tendance à sévir. Si en 750, la décapitation de la première dynastie omeyyade a inauguré une série funeste d'exactions disproportionnées, souvent injustifiées, et des flagellations en place publique (cf. Hallaj), le XX$^{e}$ siècle n'est pas moins avare en procès d'hérésie.

L'histoire n'est pas faite seulement d'incantations pieuses et d'extases sublunaires. Outre le soudanais Mahmud Muhammad Taha (1909-1985) et Farag Foda (1946- 1992), Égyptien de son état, qui moururent tous deux assassinés pour apostasie, Taha Hussein (1889-1973), lui, a été esté en justice pour un médiéval « procès en hérésie littéraire » et suspendu d'enseignement universitaire de 1932 à 1934. Selon les autorités religieuses, en contestant la poésie pré-islamique, Taha Hussein aurait jeté un discrédit intolérable sur certaines croyances liées au Coran et à la tradition du Prophète. La raison impose que la poésie anté-islamique du VI$^{e}$ siècle ne peut anticiper la révélation coranique, d'essence divine, qui s'est produite un siècle plus tard – bien que certaines croyances y sont déjà véhiculées. Récuser le fondement historique de la poésie ancienne, et son antériorité par rapport aux écrits islamiques, reviendrait à détruire la véracité de certains versets, et les établir comme quasiment faux. Faut-il pour autant brûler ces œuvres, au prétexte qu'elles donnent de mauvaises idées aux croyants ? Cette mascarade qui consiste à concentrer sa haine sur les œuvres de l'esprit dédouane le censeur de pousser sa curiosité jusqu'à la critique directe du régime, ici de la théocratie. Car, face à la littérature d'État, qui brime sans nuance, *Les Mille et Une Nuits* sont un hommage appuyé aux inventeurs de liberté, sans discriminer pour autant les bons croyants ! Sait-on enfin qu'il y a actuellement dans le monde arabe des dizaines de livres (non traduits, évidemment) qui traitent tous d'une seule obsession, la sexualité de la femme vue comme une turpitude (*zina*), qui pourraient incontestablement déranger les imams ultraconservateurs et partant les âmes innocentes qui les suivent ? Sait-on que tous les pays arabes et musulmans entretiennent à prix d'or des officines secrètes ou publiques de la censure et que ces officines liberticides ne sont elles-mêmes contrôlées par aucune instance juridique ?

Si *Les Mille et Une Nuits* ne sont, à leurs yeux, qu'un maillon de la chaîne des interdits, elles sont pour l'extrême majorité des Arabes une œuvre de génie. Avec peu de moyens, ces contes réussissent à leur faire aimer leur culture, et à la faire aimer par l'ensemble de l'humanité. À l'inverse, aucune instance religieuse ou para-religieuse n'a réussi à obtenir le moindre résultat dans ce domaine. Quel meilleur antidote à la haine et à la xénophobie que de rappeler encore et toujours les fastes de la Perse ancienne, la grandeur de Bagdad, les raffinements de l'Égypte et de l'Andalousie ainsi que les bienfaits que procurent au corps les douceurs de l'Orient, les baumes salvateurs et les bains de jouvence ? En 1925, dans un livre retentissant, le théologien 'Ali 'Abderrazik (1888-1966) formule clairement son désarroi : « S'il était une chose, en cette vie, qui a poussé les hommes au despotisme et à l'injustice, à l'agression et à l'iniquité, c'est bien la convoitise du rang de calife. Nous avons vu que cette position a suscité les appétits les plus puissants et les jalousies les plus violentes (...) Pour quel mobile Yazid Mu'awiya (m. en 683) a-t-il sacrifié atrocement la noble descendance du Prophète en la personne d'Al-Hussain ibn 'Ali, si ce n'est la jalousie éprouvée par le rang de calife et le désir de s'y maintenir, alliés à la disponibilité de forces importantes ? Est-ce pour d'autres raisons que Yazid s'est acharné sur la première capitale du califat, Médine, qui avait été auparavant la cité du Prophète ? N'est-ce pas l'attachement au poste de calife et la possession de la force qui ont poussé 'Abd al-Malik ibn Marwan à violer et à profaner les lieux saints de l'islam ? Est-ce pour d'autres causes qu'Abû-l 'Abbas est devenu "le Sanguinaire", et n'était-ce pas le sang de ses frères musulmans qu'il faisait couler ? » (in *L'islam et les fondements du pouvoir*, p. 78-79). 'Ali 'Abderrazik poursuit ainsi sa dénonciation sur plusieurs pages. Le livre lui-même est un réquisitoire froid et méthodique que l'auteur, pourtant théologien reconnu de la mosquée Al-Azhar, dresse à l'encontre de l'institution religieuse qui l'emploie.

Son hypothèse est limpide et audacieuse : si le Prophète est, en effet, un chef spirituel de la Communauté musulmane, il n'a pas vocation à être aussi un chef politique. Tout ce que la postérité lui a prêté comme rôles profanes est strictement occasionnel et non pas structurel. De plus, l'amplification de ce caractère des *maghazi* (campagnes islamiques) a pour vocation de légitimer toute une série de décisions que prennent les souverains en place, qu'ils soient califes en titre ou gouverneurs de provinces, nonobstant les qualités intrinsèques de ces décisions. La conclusion qui en découle est donc d'une évidence totale : il faut opérer une séparation étanche entre le pouvoir temporel et le pouvoir intemporel, renvoyer la religion et les religieux dans leurs mosquées, et réévaluer le rôle du politique et ses prérogatives. Dans le même ordre d'idées, il faut dénoncer la supercherie des souverains arabes et musulmans qui s'arrogent des droits régaliens sans que ces droits ne relèvent de la sphère sacrée. À cet égard, les historiens musulmans ont mis en évidence le fait que l'apostasie en islam recouvre des domaines très divers, qui sont parfois très loin de la contestation de la seule parole divine. Combien de mouvements politiques ont été écartés de la scène publique car qualifiés de schismatiques ou de sectaires ? Combien de chapelles insoumises – certaines ne paient pas l'impôt, d'autres ne reconnaissent pas la « divinité » du calife –, ont-elles commis un crime de lèse-majesté au point de subir d'extrêmes mesures, en particulier l'humiliation, l'extorsion d'aveux et la torture (*ta'zir*) ? Le recours momentané à l'inquisition (*mihna*) décrété par des califes en mal de légitimité ou mal conseillés par des théologiens zélés ne reflète-t-il pas ces excès ? C'est pourquoi 'Ali 'Abderrazik peut être considéré comme un précurseur de la réforme politique en terre d'islam. Il a été suivi par de nombreux penseurs qui ont publié tout au long du XX^e^ siècle plusieurs dizaines d'ouvrages appelant à la transformation radicale de la gouvernance en islam.

Chapitre 5

# Immolation ou sacrifice ?

Si le sacrifice, qui a pour but de se purifier d'une souillure pouvant ébranler son homéostase, est la part maudite que la collectivité rejette, qu'en est-il de l'immolation (*nah'r*) ? Un Tunisien du nom de Bouazizi, diplômé et méprisé, s'est immolé par le feu en signe de contestation de l'ordre établi. N'est-ce pas là une sorte d'immolation d'autant plus tragique qu'elle est radicale et définitive ? Un tel sacrifice ne dit-il pas par anticipation, et avec une éloquence démoniaque, que les pires enfers sont ceux que nous endossons quotidiennement, ici-bas ? L'islam interdisant le suicide (voir le chapitre 2 du présent livre), Bouazizi semble nous dire que son enfer, il le porte en lui-même, c'est sa « veine jugulaire » (*al-habl al-warid*, terme coranique, L, 16), et que rien ne peut l'en séparer. Il n'a pas besoin d'aller au ciel pour l'éprouver, il lui sert de bûcher propitiatoire. Bouazizi symbolise et illustre la figure actuelle du bouc-émissaire, synthèse tragique entre sacrifice et immolation, entre souffrance et dépassement de cette souffrance, entre faute et transgression.

L'immolation des bêtes sacrificielles (et accessoirement les décapitations sur fond de guerre) a donné une image dantesque du monde arabe et de l'islam. Il faut donc, pour mieux étudier ce phénomène, remonter à l'immolation première, celle qui reste étroitement liée à Abraham. Selon les Saintes Écritures, soumis à l'injonction divine, le fondateur du monothéisme est sur le point de décapiter son fils Ismaël, lorsqu'un bélier sauveur se présente à lui de manière opportune. Rappelons que les juifs et les musulmans ne s'accordent pas sur la figure du fils, les uns parlant d'Isaac, les autres d'Ismaël. Les deux frères, l'aîné et le puîné, le légitime et l'illégitime, le fils de l'épouse principale longtemps stérile, Sara, et le fils de la servante féconde, Agar, sont rivaux. L'une des mères, Sara, a des droits, l'autre, Agar, n'en a point. Voici le récit de la Genèse : Saraï, femme d'Abram, ne lui avait point donné d'enfant. Elle avait une servante égyptienne, nommée Agar. Saraï dit alors à Abram (« Père élevé » – il deviendra Abraham plus tard, « Père d'une multitude ») : « Voici, l'Éternel m'a rendue stérile ; viens, je te prie, vers ma servante ; peut-être aurai-je des enfants par elle. Et Abram obéit à la voix de Saraï » (Genèse, XVI, 1-2). Le récit biblique l'atteste, Agar est une servante égyptienne, elle est d'abord esclave étrangère puis servante et finalement concubine, avant de devenir mère. Les Arabes l'appellent *Hajar*, l'Exilée, de *hajara*, « partir », « quitter », et lui vouent une vénération remarquable. À la naissance de son fils Ismaël (« Dieu entend »), qui fait d'elle une femme libre au regard du droit ancien, Agar a réveillé chez son ancienne maîtresse une très forte jalousie, qui s'est transformée en une profonde aversion du fait de la nouvelle situation entre elles, l'enfantement de l'une, la stérilité de l'autre. Sara demande à Abraham, déjà âgé de 86 ans d'éloigner sa rivale, car elle se sent offensée. Agar, l'exilée égyptienne, se rend alors non pas en Égypte, qui symbolise pour elle la servitude passée, mais en Arabie, « près d'une source d'eau, dans le désert », et plus exactement – selon les Arabes – à La Mecque, où elle s'accomplit dans ses multiples rôles de femme libre, d'épouse de patriarche et de fondatrice de lignée. Ce récit est l'un des plus extraordinaires qui puisse exister, car de son exposé dépendent tant de lignes de force nouvelles, certaines convergentes et d'autres divergentes. Saraï devient Sara, selon la volonté de Dieu (Gen., XVII, 15), elle donne naissance à une multitude, qui naît de son fils, Isaac. Abraham a alors 100 ans et Sara est à ce moment-là âgée de 90 ans.

Mais revenons à l'immolation ratée d'Ismaël, car elle commande un trope de dissémination positif extrêmement important au regard de la loi religieuse. Un autre scénario aurait été impossible, car si l'immolation avait réussi, du côté du sacrificateur, cela aurait posé un « impensable » fâcheux, autrement dit l'arrêt du récit biblique. Et créé un précédent qui aurait tenu de l'absurde. En islam, il y a deux types d'immolation : la petite (un gallinacé, un chevreau, une brebis) et la grande, l'immolation symbolique d'Ismaël et ses succédanés comme l'ablation du prépuce, la tonsure des jeunes enfants ou le fait, moins connu, de saigner symboliquement tel animal pour bénir les labours et les semailles. Un ethnologue du XX$^{e}$ siècle, Joseph Chelhod, a étudié dans le détail cette question du sacrifice et du sacré chez les Arabes anciens. Il en a déduit que les articulations principales de l'imaginaire arabe étaient pré-islamiques dans leur essence, et post-islamiques dans leurs codifications visibles, disons formelles, de sorte qu'à travers elles, le rameau arabe ancien survivrait – jusqu'à nos jours – aux étapes successives de l'organisation de la Cité. L'immolation présuppose la purification (*tahara*), une vertu qui est elle-même de deux sortes. La première purification est corporelle, elle touche les occurrences mineures (*ahdath*). C'est notamment le cas des ablutions, une purification simple qui impose au musulman de se laver avec une eau courante (« venue du ciel pour ôter toute souillure ») les mains, le visage et les pieds (ablutions ou *wûdu*) avant d'accéder à la mosquée. On appelle *ghûsl*, ou purification majeure, le fait de passer tout le corps sous des lavements exceptionnels, au début du Ramadan, à la suite d'un accouchement ou pour clore un cycle de règles. Cependant, la vraie purification est spirituelle. Il s'agit de la purification de l'âme ainsi qu'il est stipulé dans le Coran : « Allah aime ceux qui se repentent ; Il aime ceux qui se purifient » (Coran, II, 222). Cette purification est requise pour tout postulant à la vie mystique (soufisme), dont elle constitue d'ailleurs l'un des dévoilements (*kashf*), un repentir (*tawba*). Dans sa *Somme spirituelle*, le mystique ghaznavide Al-Hujwiri (m. en 1077) relie ces deux purifications l'une à l'autre : « C'est pourquoi, note-t-il, les purifications, extérieures et intérieures, doivent aller de pair : lorsqu'un homme lave ses mains, il doit laver son cœur des traces terrestres, et quand il met l'eau dans sa bouche, il doit purifier sa bouche de la mention d'autre que Dieu, et quand il lave son visage, il doit se détourner de tous les objets familiers et se tourner vers Dieu, et quand il s'essuie la tête, il doit abandonner ses affaires à Dieu, et quand il lave ses pieds, il ne doit pas avoir l'intention de prendre une décision, excepté sur l'ordre de Dieu. Ainsi sera-t-il doublement purifié » (in *Somme théologique*, p. 337).

Avec la purification, l'immolation inaugure un cycle : Ismaël devient adulte, la jeune mariée devient femme, etc. On ne peut comprendre la circoncision sans la rattacher à cette grande immolation de l'être arabe, puis musulman qui cherche son salut dans un dépouillement relatif de lui-même. L'une des lignes de fond du processus reliant le sacré à l'immolation, et au règne de la pureté biblique et coranique est la circoncision : celle d'Abraham et de son fils, Ismaël, et celle d'Isaac. La circoncision d'Ismaël a lieu alors que celui-ci a 13 ans, celle d'Abraham (car il s'est auto-circoncis) a lieu le même jour, à 99 ans. Celle d'Isaac, « qui naîtra l'année prochaine » (Gen., XVII, 21) aura lieu au huitième jour, le décret divin ayant donc été annoncé par anticipation. On remarquera aussi qu'Abraham, « Père des nations », aura alors 100 ans.

L'immolation n'est-elle donc qu'une négation de la subjectivité du moi ? Couper, supprimer, réduire, élaguer sont des fonctions centrales qui agissent dans un autre contexte biblique et coranique, celui de l'Arche de Noé, créateur du nouveau monde ancien. Noé doit se séparer de toute la communauté humaine et animale qui encombrait la terre, car un grand déluge est annoncé, et il est imminent. Toute la Création de Dieu est entre ses mains. C'est à lui qu'incombe la lourde tâche de choisir les couples de chaque espèce à conserver et d'éliminer les sujets impropres à la reproduction. Il agit en créateur d'un monde nouveau, car le radeau ne peut se charger de plus d'une paire par espèce, et opère ainsi une sorte de sélection de l'espèce vivante avant l'heure. C'est peut-être le premier eugénisme de l'histoire humaine, mais c'est Dieu lui-même qui ordonne de sacrifier une grande part de sa création, afin de se projeter dans un ordre cosmique renouvelé.

En s'intéressant aux pratiques et interdits alimentaires, on constate que le geste de l'immolation suscite également un renouveau. L'immolation agit comme un contrôle de l'impureté porcine, dont la part maudite est exprimée dans deux versets coraniques (Coran, II, 173 ; VI, 145). Mais dans l'un de ces deux versets, il est explicitement dit qu'Allah est enclin à pardonner celui qui mange les viandes interdites, si celui-ci y est contraint et qu'il le fait ni par habitude, ni avec l'intention visible de transgresser la règle commune (Coran, XVI, 115). À partir de quand une viande de boucherie peut-elle donc devenir une viande halal, sacrale ? À l'inverse, à partir de quand une viande halal, c'est-à-dire permise, tombe dans l'ordre de la profanation au sens religieux du terme ? Pour cette question, le Coran est dans la continuité directe de l'Ancien Testament, car à la base de tout, il y a le remplacement du fils d'Abraham par un mouton ou un bélier de substitution selon la narration même du Livre Saint : « Ô mon fils, j'ai eu en rêve une vision selon laquelle je dois t'immoler. – Oui, Père, fais comme il t'a été ordonné de faire, tu trouveras en moi, si Dieu le veut, un être des plus persévérants » (Coran, XXXVII, 102/107). Le geste de l'immolation a donc une pertinence qui dépasse le simple fait de manger halal, une telle fonction ne pouvant être qu'une déclinaison et non un principe organisateur. Ce geste représente un progrès de l'humanité : à accepter le sacrifice animal en lieu et place du sacrifice humain, on passe ainsi de l'homme à la bête (sacrifice), et de la bête à l'ange (immolation), car une hiérarchie invisible conduit de l'un à l'autre. À terme, et en poursuivant cette démarche, on peut penser que le sacrifice lui-même pourrait être un jour remplacé par un substitut symbolique, par exemple la prononciation de la formule de mise en conformité (*tahlil*) en lieu et place de l'immolation elle-même. Au nom d'un dogme enraciné, les autorités religieuses s'y refusent farouchement, mais à terme les conditions de réalisation d'un geste religieux aussi radical pourraient devenir antinomiques aux concepts de l'éthique animale. Les penseurs d'origine musulmane commencent d'ailleurs à s'intéresser à cette question, ainsi qu'on le voit avec l'ouvrage publié en 1989 par Hafiz Basheer Ahmad al-Masri, *Animals in Islam* (trad. fr. : *Les Animaux en Islam*, 2015). On le sait, désormais, le bestiaire coranique n'accorde pas la même dignité aux diverses bêtes qui composent l'éventail des nombreuses familles animales citées. La bête sacrificielle résulte d'une volonté divine suspendue, elle sanctifie et est sanctifiée. L'abeille est vue comme la reine de la Création, car elle est la plus organisée. Le coq est un avertisseur, car s'il chante à l'aube, ce n'est pas pour perturber le sommeil de l'incroyant, mais pour avertir son maître que la première prière approche. Les autres animaux familiers, bovin, caprin, ovin, gallinacée et chien de chasse sont protégés par leur bon génie, le cheval jouissant d'une estime encore plus grande. Si l'oiseau est ornement et polyphonie, la sauterelle représente une forme de mal absolu, car en rongeant les plantes et en s'abattant en masse sur les cultures, elle affame les hommes. Quant à la fourmi, elle parvient à anticiper un danger supposé invisible, l'irruption de l'armée de Salomon qui pourrait les écraser par mégarde (Coran, XXVII, 18).

Quelle est la fonction de chaque interdit dans le dispositif de la loi ? Et quel rôle joue l'immolation dans la compréhension de ces interdits et dans leur dépassement ? Il semble en fait que l'immolation ne suffise pas, seule et telle une baguette magique, à trouver le salut.

# Conclusion

Je souhaiterais terminer cette immersion dans le monde complexe des interdits arabes et musulmans en m'arrêtant sur les liens supposés entre la sphère politique et la liberté, afin de comprendre les liens et les nuances entre la censure, par exemple, et l'interdit culturel ou religieux, celui du dogme. Il est évident que l'interdit politique reflète les interrogations de la société à un moment précis de son développement. On constate que la menace des interdictions s'éloigne ponctuellement, sans disparaître pour autant, lorsque l'institution du pouvoir régalien, califal dans ce cas précis, n'est pas contestée et s'inscrit dans une période de prospérité. Lorsque ces deux conditions sont réunies et qu'elles agissent concomitamment, la grâce du sultan opère plus facilement en faveur de tel ou tel condamné. Ce fait du prince qui relève du droit régalien, ne laisse cependant aucune trace au plan des institutions, il reste solipsiste. Ne faut-il pas graver dans le marbre les règles élémentaires qui permettent au pouvoir d'être le représentant légitime de la volonté collective et non pas celle de Dieu, et en même temps défendre la nécessité de la liberté individuelle de chaque écrivain comme une cause sacrée ? Le créateur humain sera-t-il éternellement maudit en islam ?

Cet opus sur *L'Inconscient de l'islam* est une page ouverte sur tous les artefacts, les strates et les éléments psychiques qui restent inexplorés, car soumis au tabou implacable d'un certain islam, que le Coran semble résumer par cette image : « sourds, muets, aveugles » (*summûn, bûkmûn, 'ûmyûn*) (II, 18). Malgré tout, la catharsis collective fonctionne à travers quelques surgeons, comme les révolutions populaires. Le monde entier a découvert soudain combien les entrailles de la société policée arabo-musulmane ne sont en fait qu'un immense boyau dans lequel se consument toutes les velléités individuelles, à commencer par celles, impatientes, des jeunes. La langue de bois, les mensonges des politiciens, la corruption et même la violence policière ont certes joué un rôle de maintien de l'ordre, mais on a compris que cet ordre reposait sur du vide. Ce discours mortifère et sans issue n'a pris de sens que dans la mesure où l'interdit (*haram*) était lui-même soutenu par des notions de faute et de transgression.

Aussi, tout le temps que la sublimation en terre d'islam se confondra intimement avec le réel, il n'y aura pas de distance critique avec l'activité de l'esprit, et la faute sera omniprésente. À cet égard, les mystiques ont forgé une réponse élaborée qu'ils pensent être valable dans leur domaine, mais qui est généralisable à tous les arts, à commencer par la littérature. Puisque la contemplation d'une femme, d'un homme ou d'une simple rose, disent les soufis, n'a rien de profane en soi, étant donné qu'elle symbolise la vénération que l'on porte à Dieu *via* sa créature, il est requis du créateur de s'adonner à son art si par un tel geste, les attributs de Dieu sont vénérés. Le Prophète n'a-t-il pas dit dans un hadith *qûdsi*, c'est-à-dire inspiré par Dieu : « Allah a voulu se faire connaître, il a créé le monde pour que l'homme, saisi de sa Sublime Beauté, puisse le vénérer à sa guise. »

Ici s'achèvent ces réflexions sur l'interdit, la faute et la transgression en islam.

Skikda, août 2014

## Lexique technique des mots arabes

*'Abid* : esclave

*'Ahira* : prostituée, femme de mauvaise vie

*Ahl as-sabil* : « ceux de la route »

*Akhida* : « prise », prise de guerre, enfant trouvé

*'Aniya*, pl. *'awani* : femmes enlevées

*Ba'l* : seigneur, maître

*Dar al-harb* : maison de la guerre

*Dar as-salam* : maison de la paix

*Dawlat an-nissa* : « République des femmes », gouvernement des femmes

*Devshirmé* : nouvelles recrues au temps de la dynastie ottomane

*Ghanima* : prises de guerre

*Ghazal* : poésie courtoise

*Ghûsl* : grandes ablutions, purification

*Hadath*, pl. *ahdath* : petits événements pouvant entraîner l'annulation d'un rite

*Hajara* : quitter son domicile ou son pays, émigrer

*Haram* : interdit religieux

*Haram 'alayk*, *haremlik* : gynécée en arabe et turc, *endourûn* (persan), *zénanah* (indien)

*Al-hubb al-'ûdhri* : amour courtois arabe

*Hûrra* : femme libre

*Jahiliya* : ère pré-islamique, litt. « ignorance »

*Jariya*, pl. *jawâri* : concubine

*Jihad* : guerre sainte, mais aussi « effort », « dépassement »

*Jihad fi sabil Allah* : nom des campagnes d'islamisation menées au temps de la prédication (période médinoise de la révélation coranique et durant l'ère des premiers califes).

*Kashf* : dévoilement

*Khûms* : quint

*Kiaya-kadyn* : gouvernantes du harem

*Laqît* : enfant abandonné

*Mûcharabiyé* : ouvrage de maçonnerie posé en belvédère appelé manzara, également fait en bois travaillé, et permettant aux femmes du foyer de voir sans être vues.

*Maghazi* : campagnes musulmanes

*Mihna* : inquisition, peine

*Mu'tazilites* : mouvement philosophique arabe constitué de rationalistes et de libre penseurs

*Nahr'* : immolation

*Nazi'a* : « arrachée », captive de guerre

*Qayna* : esclave-chanteuse

*Qûdsi* : se dit d'un hadith divin exprimé par le Prophète

*Sabiyya* : adolescente

*Sarayya :* femme de harem

*Sélamlik, salam 'alayk* : sérail en arabe, *birûn* (persan)

« *Sûmmûn, bûkmûn, 'ûmyûn* » : « sourds, muets et aveugles », expression coranique

*Tahara* : purification

*Tahlil :* rendre licite

*Tawba* : retour obéissant à Dieu, repentir

*Ta'zir* : torture

*Ûmma* : communauté de croyants

*Yéni sheri* : « nouvelles recrues » (voir *Devshirmé*)

*Walidé* : mère supérieure du harem

*Waqf* : fondation pieuse

*Wûdu* : ablutions

*Zaïm* : chef charismatique

*Zandaqa* : hérésie, profanation

*Zawaj al-mût'a* : mariage de jouissance

*Zina* : turpitude

*Zûhd* : ascétisme extrême

# Bibliographie

ABD-EL-JALIL J.-M. *Histoire de la littérature arabe*, Paris, G. P. Maisonneuve et Larose, 1943.

ABDERRAZIQ Ali, *L'islam et les fondements du pouvoir*, Paris, La Découverte, 1994.

ABRAHAM N., « Le temps, le rythme et l'inconscient » in *Revue française de psychanalyse*, XXXVI, n° 4, 1972, p. 557-583.

ABU-L-'ALA AL-MA'ARRI, *Le Poète aveugle : extraits des poèmes et des lettres*, Introd. et notes de G. Salmon, Paris, Ch. Carrington, 1904.

*Rissalatû al-ghûfran* (Epître du pardon), Le Caire, Dar al-maarif, 1950.

ABU-L-FARAJ AL-ISFAHANI, « Dans le harem califien » in *Historiens arabes*, trad. J. Sauvaget, Paris, Adrien-Maisonneuve, 1946, p. 61-64.

AL-BARQÛQI 'Abd ar-Rahman, *Dawlat an-Nissa* (*La République des femmes/Le Gouvernement des femmes)*, Limassol (Chypre), Al-Jaffan et Al-Jabri Ed., Beyrouth, Dar Ibn Hazm, 2004.

BAUDIER M., *Histoire générale du sérail et de la cour du Grand Seigneur, empereur des Turcs*, Paris, Chez Cl. Cramoisy, 1623, 1626.

BERGIER L'Abbé, *Dictionnaire de théologie,* Toulouse, J.-M. Douladoure, 1823, 8 vols.

BERNARD Jean, *Le Sang et l'histoire*, Paris, Buchet/Chastel, 1983.

EL-BOKHARI, *Les Traditions islamiques*, A. et J. Maisonneuve, 1984, 4 vol.

BRIFFAULT Robert, *The Mothers: A Study of the Origins of Sentiments and Institutions*, New-York, Macmillan, 1927 (devenu, en 2004, *The Mothers. The Matriarchal Theory of Social Origins*).

BUFFON, *Œuvres complètes*, « Histoire naturelle », vol. IV – L'homme.

BURTON Sir Richard, *Love, War and Fancy : the social and sexual Customs of the East*, Londres, William Kunber, 1964.

CAMUS Albert, *L'homme révolté*, Paris, Gallimard, 1951.

CHARDIN Le Chevalier Jean de, *Voyage de Monsieur le Chevalier Chardin en Perse et autres lieux de l'Orient*, Amsterdam, 1686, vol 1 et 2.

CHEBEL M., *L'Esprit de sérail*, Paris, Payot, 1988.

*L'Esclavage en terre d'Islam*, Paris, Fayard, 2007.

*Dictionnaire encyclopédique du Coran*, Paris, Fayard, 2009.

CHELHOD Joseph, *Le Sacrifice chez les Arabes. Recherches sur l'évolution, la nature et la fonction des rites sacrificiels en Arabie occidentale*, Paris, PUF, 1955.

*CORAN Le*, trad. M. Chebel, Paris, Fayard, 2009 ; Le Livre de Poche, 2012.

« Destins du cannibalisme » in *Nouvelle Revue de Psychanalyse*, Paris, NRF, n° 6, automne 1972.

DEVEREUX G., « The Cannibalistic Impulses of Parents » in *Psychoanalytic Forum*, I, p. 114-124.

DU VIGNAU, *Le Secrétaire turc contenant l'art d'exprimer ses pensées sans se voir, sans se parler et sans s'écrire, etc.*, Paris, Michel Guerout, 1688 et Lyon, Amaulry, 1688.

ETON William, *Tableau historique, politique et moderne de l'Empire ottoman,* trad. de l'anglais par C. Lefevbre, Paris, Tavernier, 1799-1800.

FREUD S., *Psychopathologie de la vie quotidienne*, Paris, Payot, 1969.

*Le mot d'esprit et ses rapports avec l'inconscient*, Paris, Gallimard, 1905.

*Psychologie collective et analyse du moi*, Paris, Payot, 1921.

*Essais de psychanalyse*, Paris, Payot, 1970.

*Moïse et le monothéisme*, Paris, Gallimard, 1948.

GAUDEFROY-DEMOMBYNES Maurice, *Mahomet*, Paris, Albin Michel, 1969.

GOBINEAU Comte de, *Les Religions et les philosophies dans l'Asie centrale*, Paris, Plon, 1865.

HAFEZ BASHEER Ahmad al-Masri, *Les Animaux en Islam*, Paris, Association des droits des animaux, 2015.

HENNINGER J., « Le sacrifice chez les Arabes » in *Ethnos*, XIII, 1948, p. 1-16.

HUART Cl., « Sérail » in *La Grande Encyclopédie du XIX*[e] *siècle*, Vol. 29, p. 1033-1034.

HUJWIRI, *Somme spirituelle* (Kashf al-mahjûb li-arbâb al-qûlûb), Paris, Sindbad, 1988.

JAHIZ (ou GAHIZ), « Les esclaves chanteuses de Gahiz », Trad. Ch. Pellat, in *Arabica*, X, 1963, p. 121-147.

KLEIN M., « L'amour, la culpabilité et le besoin de réparation » in M. Klein et J. Rivière, *L'amour et la haine*, Paris, Payot, 1968, p. 75-150.

LA BIBLE. *Ancien Testament*, version d'Ostervald, révisée sous les auspices de la direction du comité de la société biblique de France, Nancy, Berger-Levrault et Cie, 1879.

LAMMENS H., *Le Berceau de l'islam, L'Arabie occidentale à la veille de l'Hégire,* Rome, Institut pontifical biblique, 1914.

LA ROQUE Jean de, *Voyage de l'Arabie heureuse par l'Océan oriental et le Détroit de la Mer Rouge fait par les Français...dans les années 1708, 1709, 1710, avec la relation particulière d'un voyage du Port de Moka à la cour du Roi du Yémen...*, Amsterdam, Chez Steenhouwer et Uytwerf, 1716.

LEMPRIERE William, *Voyage dans l'empire de Maroc et au royaume de Fez. Un médecin anglais pénètre le harem*, Paris, Sylvie Messinger, 1990.

LOTI Pierre, *Au Maroc*, Paris, Calman- Lévy, 1890.

MONTAGU Lady Mary W., *L'Islam au péril des femmes. Une anglaise en Turquie au XVIII^e^ siècle*, Paris, La Découverte/Poche, 1981.

MASSIGNON Louis, *La Passion d'Al-Hosayn ibn Mansour Al-Hallaj, martyr mystique de l'islam, exécuté à Bagdad le 26 mars 922*, Paris, Gallimard, 1975, 4 vols.

OTTAVIONO BON, *Il Seraglio del gransignore descritto per Ottoviano Bon, ambasciatore della Ser. Rep. nel anno 1608,* Venise, 1865 (traduit en anglais sous le titre de *The Sultan's Seraglio : An intimate of Life at the Ottoman Court,* Londres, Saqi Books, 1996 et 2000).

PAULME Denise, *La Mère dévorante. Essai sur la morphologie des contes africains*, Paris, Gallimard, 1976.

PENZER N. M., *The Harem, an account of the institution as it existed in the Palace of the Turkish Sultans with a history of the Grand Seraglio from its foundation to modern times*, Londres, 1936.

PINGUET Maurice, *La Mort volontaire au Japon*, Paris, Gallimard/Tel, 1991.

RAVAISSE Paul, « Harem musulman » in *La Grande encyclopédie du XIX^e^ siècle*, vol. 19, p. 849-850.

RAYNAL L'Abbé, *Histoire philosophique des établissements et du commerce des Européens dans les deux Indes*, 1770, 6 vols.

REBREYEND A.-D., *Les Amours marocaines*, Paris, La Maison française, 1919.

SARZEC Ernest de, *Découvertes en Chaldée*, Paris, Leroux, 1884-1912.

SCHOPENHAUER Arthur, *Le Monde comme volonté et comme représentation*, Paris, PUF, 1942.

STEINER Heinrich, *Die Mu'taziliten oder die Freidenker im Islam*, Leipzig, 1865.

TABARI, *La Chronique traditionnelle* (Tarikh al-Rûsul wa-l-Mûluk), Paris, Imprimerie impériale, 1867, 4 vol.

TILLION Germaine, *Le Harem et les cousins*, Paris, Seuil, 1966.

TOTT Baron François de, *Mémoires du Baron de Tott sur les Turcs et les Tartares*, Amsterdam/Maastricht, 1784-1785, 4 vols.

WESTERMARCK Edvard, *Les survivances païennes dans la civilisation mahométane* (Pagan survivals in Mahometan Civilization, 1933), Paris, Payot, 1935.

WINNICOTT D. W., *Processus de maturation chez l'enfant*, Paris, Payot, 1970.

YARROW L. J., « Separation from parents during early chilhood » in M. L. Hoffman et L. W. Hoffman (Eds.), *Review of Child Development Research*, New York, Russell Sage Foundation, 1964, 100-103.

# Table des matières

Imprimerie Graphique de l'Ouest

Achevé d'imprimer sur les presses de
l'Imprimerie Graphique de l'Ouest
au Poiré-sur-Vie (Vendée).
Dépôt légal : Décembre 2014 - N° d'impression : 7368